BEE

巷弄裡的台灣味

22道庶民美食與它們的故事

范僑芯（佐餐文字）著

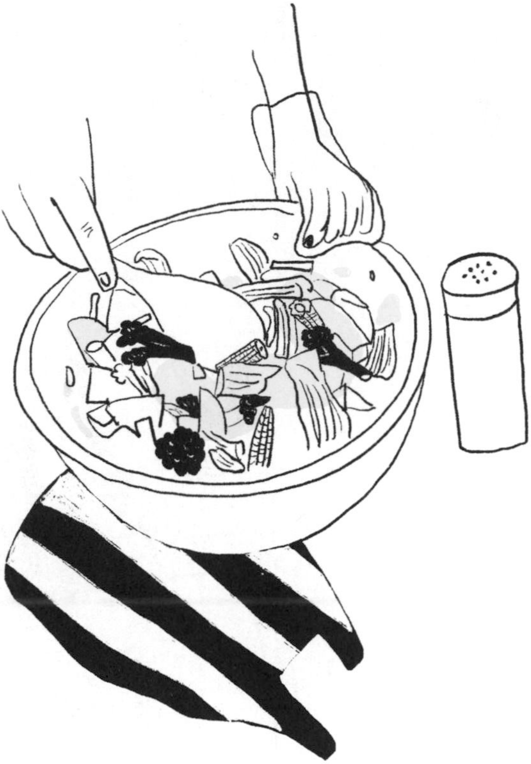

推薦序

有點太過認真的佐餐文字

——毛奇 作家

這是一本滿特殊的台灣味書寫，原生網路世代的文字有天馬行空的幽默，不時在描述中跳接網路與影音的文本與笑話梗，讀者若是與她理解同行，讀完不只感覺飢餓，還蒐羅了一圈少女世代的行話。然而，用少女二字來框架作者范僑芯，又顯得解釋力薄弱，她愛吃懂吃，有種認真到底的執著個性，受過專業廚藝訓練、見過世面，因工作經驗了解市場有價，她仔細爬梳了食物的歷史背景資訊，化成文字。但我特別獨愛她因為熟稔烹飪技巧與知識，展現對於台灣味道的分析。

這些對於食物的理解不是刻意為之，因此擺放在適當的段落就顯得特別好看——比如她講虱目魚，她講她在巴黎斐杭狄高等廚藝學校習藝過，拆解一條魚對她這樣一個精緻美麗的年輕女子來說，是駕輕就熟：「……簡單來說，大抵分成兩派：魚背下刀或是魚肚下刀……面對多刺的虱目魚，我們依舊待她如帶刺的玫瑰尊重，予以刀法特技重之惜之」，「完整無瑕的虱目魚整條陳列在砧板上，短寬魚刀從『魚身中間』落下，將肉質肥嫩的肚與肉質細柴的身，做個完美切割……之後，順著魚身弧形骨骼，緩落剃下魚肚，絲毫不傷其腹腔脂肪及內臟，待魚身兩側皆取肚完畢，我們將得到一張瑩光透皙的美麗虱目魚肚。」這段的書寫，是年輕女子心口和手心亮刀出鞘——當她講炸地瓜球，可以跟你分析澱粉種類，地瓜粉、木薯粉，澱粉還有直鏈與支鏈差異。因澱粉在高溫糊化的特性帶來油鍋中地瓜球的飽滿，同樣是高溫油炸的澱粉與油，她望出去有甜美童年點心回憶，有廚房技術操作的心得，還有同齡友人婚禮上的花好月圓。

食物與生活經驗緊密扣連當如是。

可以嫣然一笑手起刀落，可以高溫裡甜美泡泡，可以「脂」醉金迷，怎麼看都是旖旎好食光。

當我們再回到本書的架構來理解這作者以「佐餐文字」捕捉的台灣小吃風

光：熱帶島國的清涼風情，以五種冰飲類型陳述飲料農產史；四款經典小吃，有非常台味澱粉糊高溫在鐵板上焦化與米漿融合的「煎」，有滷肉飯的肥瘦黃金比例，有客家女兒在異國看見鄉愁的「米苔目」情感。產業篇則試圖描繪從食物折射台灣經濟來時路與其多面貌的發展；歷史篇以連四款「台式」當作食物開頭，牛排、小火鍋、早餐店和蛋餅，倒像是用食物在驗明認同了。最後的飯後解饞篇，是最為駕輕就熟的——作者用新鮮的目光，雀躍的文字講餐後小食，讀來寫意舒適，恰如其份。

哪天要是嘴饞了，不妨翻翻本書，撚出一則想吃的，邊看邊吃，是奇趣。本書的書寫不意圖使你餓，她挑選具有代表性的食物，不是為了告訴你多好吃（畢竟你已經知道這些東西有多好吃了），但試圖告訴讀者這些食物存在的特別處。這大概就是巷弄間，被她撿起、烹調、擺盤成一本書的台灣美味了。

contents

輯三　產業才是關鍵

輯四　跨越時間的愛恨情仇

輯五　飯後解饞的小確幸

輯一

熱帶島國的清涼風情

01

珍珠奶茶也得讓位的大前輩

木瓜牛乳

它才是風華絕代的飲料巨星

某日，一位小天使粉絲傳訊息給我，然後嘟嘟囔囔地說：「阿佐，妳都不覺得木瓜牛乳很可憐嗎？它明明生產條件是最緊扣台灣的，而且還比珍珠奶茶早誕生，可是全世界都只知道台灣的代表性飲料是珍珠奶茶。」真是可愛的小抱怨。

關心飲品的人很多，但木瓜牛乳在台灣的飲品界究竟該給予什麼樣的定位？似乎從沒人談過。大家講來講去都是珍珠奶茶，彷彿它是唯一的巨星。當後生晚輩珍珠奶茶以巨星之姿，代表台灣風靡全球的時候，我們竟然忘卻木瓜牛乳才是台灣飲料界最德高望重的老前輩。

源起於台灣的木瓜牛乳，說難不難，終究只是木瓜與牛乳兩者之間的纏綿悱惻。但是，說簡單，卻也沒有那麼簡單。

天賜良緣＝媒妁之言＋兩情繾綣

我們打開科普資料就顯而易見，產出牛乳的乳牛適合溫帶氣候，相反的，木瓜卻屬於熱帶作物。雙方南轅北轍的性格差異，基本上在任何地方都很難擦出火花，但為什麼台灣就是有那個本事將二者融合為一呢？

稱職媒婆如我台灣，金光閃閃的一道北回二三．五緯度姻緣線，不偏不倚地擱在嘉義這塊農業大縣上，賜與本島熱帶氣候及副熱帶氣候，兩種渾然天成的奧妙。因為這樣的地理條件，牛乳與木瓜相互交界在彼此最大的容忍：乳牛耐熱最大值及木瓜耐冷最大值。

天賜良緣，我想就是如此。

但兩者相逢，必定需要絕佳的相親地點。電影不是都這樣嗎？男女主角巧遇在咖啡廳、餐廳，或某個不起眼的街頭，相視而笑。於是木瓜跟牛乳兩大主角，就這樣相遇在自一九五〇年代開始興盛的「冰果室」。

如同現代的便利商店一般，當時的冰果室提供人們無比的沁涼歡快，店內供應多種冰品及果汁，其中，木瓜汁就是相當熱賣的一個選項，既美味又喝得飽，廣受勞動階級喜愛。但起初，其實只有零星少數的店家有販售「果汁加新鮮牛乳」的商品。

為什麼呢？因為當時台灣雖然早已有酪農產業，但並不發達，礙於技術問題，新鮮牛乳可供應數量非常少，且價格也高，故大多數的乳品皆為由美援奶粉而製成的「合成牛乳」。

直到一九七〇年代，政府終於肯好好重視酪農業了。當時還曾選派了數十位農村青年前往美國和紐西蘭受訓，學習乳牛飼養技術。待他們返國後，則協調鮮乳廠商建立穩定的生乳收購機制，以及推廣學童養成喝鮮乳的習慣。

正所謂來得早不如來得巧，雖然新鮮牛乳穩定供應的時間稍嫌晚了點，但與此同時，台灣的木瓜育種情況也有所收穫，陸續培育出台農一、二、三號大果品種，相較於先前栽種的小果品種，更加適合多人家庭以及冰果店加工用。其中，台農二號又以風味甜度勝出，而後成為台灣最主要的經濟栽種品種。

另外，更難以言喻的緣分，是製作木瓜牛乳的輔具也恰巧在此時靈犀出籠。

早期冰果店存放冰塊之容器，只是陽春簡易的保冰箱，但偏偏木瓜以及牛乳這樣的傲嬌食材，都是需要靠冰箱提供穩定的低溫環境，才可以保存得宜。正巧，一九七〇年代，台灣家電產業蓬勃發展至穩定階段，許多冰果店，甚至各個家庭的角落都可以見到冰箱的身影。而最利於製作木瓜牛乳的果汁機，也同時深入家庭，成為家中不可或缺的一分子。

於是，一九七〇年開始，木瓜牛乳的風潮迅速在台灣傳遍，如同爆裂開的煙花，星火點落於民間家庭。

整裝出發！朝穩定交往中邁進！

但凡從事飲料業的人都知道，讓飲品風味品質穩定，難度堪比上青天，就好比談戀愛一樣，熱戀期雖然新鮮，但隨著交往時間的延長，各種導致感情生變的理由都是有可能發生的。

現打果汁雖然較新鮮，可是風味卻由於眾多變因，例如木瓜今天心情不甜、牛奶在外奔波太久發酸、冰塊冷戰太久滋味變淡……常常會讓消費者不慎踏入雷區，炸得遍體鱗傷。

另外，隨著工商業時代的來臨，人們忙碌到翻天覆地，清洗果汁機容器以及處理容易生成果蠅的木瓜皮等後續工作，還是稍嫌麻煩。所以，愛喝木瓜牛乳的人心中莫不盼望著能夠無時無刻都能喝到品質穩定的木瓜牛乳。

於是，在一九九一年，台灣歷史第一瓶生產標準化的木瓜牛乳誕生，接續更有許多廠商投入將木瓜牛乳完美封存、推廣市場、擴及全球的行列。

一口濃郁的木瓜牛乳順著瓶身摺出的三角口傾瀉而出，鮮甜在口腔間恣意搖擺、乳香在唇齒間猖狂流竄，溫柔地撫慰喉嚨，又清涼地舒展食道，直通脾胃。當時新鮮屋的技術，完美將木瓜牛乳的醇鮮包裹起來，新鮮度與風味也最大程度地保存下來，而且開瓶無須擔憂踩雷風險，瓶瓶都精采。

隨後，乘著便利商店之利，更大幅度提升採買便利性。最後，木瓜牛乳終於步入穩定交往，不管是春夏秋冬、陰晴圓缺或白晝黑夜，我們再也不用因為木瓜產季或夜市飲料攤的營業時間等問題而煩惱，反正在任何時刻，只要走進便利商店，就能買到風味醇厚的木瓜牛乳。

綜觀上述，阿佐認真覺得，因為地理條件及經濟發展而與台灣緊密連結的木瓜牛乳才是台灣最具代表性的經典飲品！看過知名宮廷劇的人應該都知曉，封號在手，如虎添翼。倘若木瓜牛乳要在世界飲料舞台上占有一席之地，勢必得將「台灣經典飲品」的封號再次黃袍加身，使眾人將目光轉移，為木瓜牛乳重新打上一盞亮眼的 spotlight！

23　珍珠奶茶也得讓位的大前輩——木瓜牛乳

02

傲骨風霜的元老飲品

綠豆冰沙

吹啊吹啊！台灣的驕傲放縱

復古風總是一波未平一波又起。

綠豆冰沙一直以來都很能滿足阿佐這般老人胃，曾經休閒小站五百C.C.的綠豆冰沙是我日常必須飲品，即便路過尋常人家的綠豆冰沙小攤，我也總是情不自禁。

那種悠然豆香，尬上綿密細碎的冰晶口感，再後來一些的時光，倘若手頭寬裕，就再加價選購綠豆牛奶冰沙，一口飲下，眼瞧著暑熱開始悵然若失，心中喜不自勝。

後來的手搖杯店即便再怎麼林立，也鮮少以綠豆冰沙為主打招牌，大約是製程相對麻煩，為求快速營利故而省略，就此沉寂在飲料汪洋之中。但有趣的是，近幾年又再次吹起綠豆冰沙專賣風氣，一路向北，讓綠豆冰沙又回到消暑飲品的戰場。

請求正名：綠豆冰沙

首先，我們必須說清楚，綠豆這玩意兒雖然早於日治時期就已有種植紀錄，但吃綠豆沙這樣的習慣絕對不是愛吃紅豆泥的日本人帶給我們的，畢竟你有閒時周遊日本國一圈，幾乎找不到綠豆的身影，頂多找到從中國進口至日本，再水耕生產的綠豆芽菜。

綠豆沙當然不是台灣獨有，因為嚴格說起來，凡是經過地獄般直火洗禮的綠豆，都終究能成為「沙」，又廣義地來說，若指我們平時喝的綠豆沙，那廣東地區的糖水店也有；若泛指製作月餅內餡的綠豆沙，那製作月餅的技術咱們可不能宣稱是台灣原創，搶了別人的風采呀！

綠豆這般喜熱的植物，在印尼、緬甸等東南亞地區亦有大量產出，但他們食用綠豆大多輔以霸主椰奶調和；而廣東、香港等地則是煮成濃稠版的綠豆湯，且多數是熱食，有時候甚至會加入我們難以理解的海帶。

不過既然綠豆沙作為廣東地區的一種飲食基礎，我們不可否認的，深受廣東地區移民的影響，他們帶著自己家鄉的習慣來台，自然地，綠豆沙這樣的甜水飲食也就落地生根。

爾後隨之演變成為「台灣特有風味」的「綠豆冰沙」，其歷史背景則是與木瓜牛奶一脈相傳。

暑熱就像恐怖情人一樣，你想甩掉它，它就越是跟你認真纏鬥。台灣四季分明或四季如春都是騙人的噱頭。我們擁有的，是綿長難耐的暑期與稍縱即逝的酷寒。因此，如何擺脫暑熱成為台灣人的人生重要課題，也自然成為台灣人集各類冰品大成於一身的重要原因。

雖然早期在日治時期我們就已經有食用冰品的痕跡，但早年製冰技術及冷藏設備並不普及，想讓大眾都能吃到冰品那可是不可能的任務。而自從一九七〇年代家電普及之後，幾乎人手都有果汁機、冰箱，其後甚至還發展出大型冰沙攪拌機與研磨機具，這才鞏固綠豆冰沙在台灣的古早味寶座。

手搖冰 vs 果汁機冰 vs 攪拌冰

綠豆冰沙達人是也，必須熟知台灣綠豆冰沙分為幾種派系：

其一：阿嬤等級的古早手工搖搖冰。

搖搖冰是目前冰沙製程中最傳統，也是最耗時耗力，簡單來說就是吃力不討好的方式。將煮好的綠豆湯倒入單層內桶裡，再將其放進大口徑的雙層外桶中。外桶設計為雙層是為了隔絕熱傳原理。當然，早年的隔絕技術並不發達，故將冰塊填充進兩桶之間縫隙時，還得加入大量的鹽，利用拉午耳定律，啊，等等，太難懂了，重來。總之就是利用小學時期老師說冰塊加鹽，冰塊會更冰，還可以用線釣起冰塊的簡單實驗，來降低桶內溫度。

桶內溫度降低之後，貼近內桶層的綠豆湯就會開始結成細小冰晶，然後賣冰者就會拿著巨型鍋鏟，在邊上鏟啊鏟啊鏟，將冰晶與液體稍微整頓整頓，蓋上桶蓋，再轉啊轉啊轉，內桶邊上又會開始有結晶，巨型鍋鏟又得出動。如此反反覆覆約莫幾個小時便能完成一桶冰，此時卡路里想必也是消耗不少。

當然，這種方法最傳統，也是設備要求最低，卻結合先人大智慧的入門製程，且因手工鏟攪冰方式冰沙晶體較不均勻，口感自然也相對樸質，形成的冰晶也較易融化，常常冰水參半。

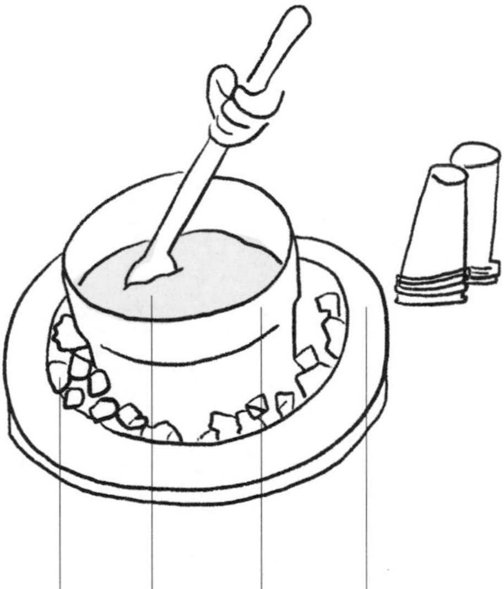

次之：一機在手無煩無憂之果汁機冰。

這容易理解多了。將煮好的綠豆湯及冰塊放進果汁機裡，ㄍㄥˊㄍㄥˊ作響，豆冰盡碎，一杯綠豆冰沙恍眼可成。這當然是拜家電普及化所賜的成果，無論小型果汁機或是更大型商用機型，不僅大幅讓業者節省人力，更徹底讓綠豆冰沙深入家家戶戶。

不過果汁機有個特點，就是它始終沒能將內容物打至綿密的狀態，倘若店家使用的是皮殼偏厚的油綠豆品種，那麼豆皮渣常常會發生黏在門牙上，造成約會失敗的窘境，口感比較接近豪放粗曠型，但對期望冰晶要有咀嚼口感的人來說，可是一大樂事。

最後：魔鬼藏在研磨細節的攪拌冰。

這可就繁複些了，也是現下綠豆冰沙專賣店較常見的手法。

先將煮熟的綠豆放進研磨機裡，研磨出不見細粒的綠豆汁，再放入結合製冷系統的大型攪拌缸裡，其原理有點像手搖冰的概念：溫度控制在零下十八至二十度內，冰晶首先會在攪拌盆的邊上形成，而碩大螺旋狀的攪拌棒會同時運轉，將裡裡外外的綠豆冰沙與綠豆汁不斷充分拌勻融合，漸漸形成冰沙狀，又因攪拌棒能順勢將空氣打入，「空氣感」冰沙自然綿密柔滑。

總之，依照現代人追求精緻口感的體驗來說，很是合適，我想這也是造就近期各路綠豆冰沙專門店暴紅的原因，這堪比嬰兒肌膚般細緻的口感，再神來一筆地添上乳白色牛奶，此情此景此風味，比妻子的誘惑更難讓人拒絕。

綠豆沙粉之戰

工商時代，人人無不追求快而好的高效經濟模式。

其實起初的綠豆粉是運用在糕點上，例如綠豆椪、冰心月餅之類，但既然綠豆冰沙儼然成為平民消暑聖品，那麼如何讓零售商便於製作綠豆冰沙就成了供應商的課題，於是綠豆粉應用在綠豆冰沙上也自然合理。之後便開始有大量的飲料店家為節省人力與製作流程，使用綠豆粉代替原豆。

可是民眾的味蕾也不是白養的，嘴刁得很，有一陣子媒體開始大肆蒐羅用粉泡的綠豆冰沙店家，企圖各個舉報殲滅，也造就民眾普遍對於粉泡綠豆冰沙有不好的印象，讓許多「原豆派」店家紛紛大舉旗幟標明「偶棉ㄅ4粉泡ㄉ！」，以表貞潔。

阿佐身為食品界公道伯還是要替綠豆粉說句話：其實坊間的綠豆粉幾乎都是用純綠豆下去磨製，想來與「攪拌冰」的研磨階段相差不遠，並非什麼萬惡產物。民眾之所以會覺得難喝，主要是由於研磨綠豆粉無論如何都帶著點生豆味，缺乏熬煮的過程，自然就沒有綠豆香氣；再加上許多業者基於成本考量，粉水比例失衡，味道淡薄，不似真品，也使得消費者對於粉泡綠豆冰沙有諸多疑慮，降低消費慾望。但礙於煮綠豆製成綠豆冰沙耗時費工，瓦斯成本又貴，便偷工用綠豆沙粉。表面上成本是降低了，不過顧客不買單也沒用，這生意怎麼做都顯得滑稽！

故此，許多連鎖手搖杯店就紛紛舉旗，毅然選擇讓如此草根代表的飲品漸漸在飲料市場中隱退，直至近日綠豆冰沙專賣店的再度崛起。這時值得注意的是，近日的綠豆冰沙幾乎是以「專賣店」的形式登場，這足以說明煮綠豆，真的不是憨人所想的那麼簡單。

瀕臨危機的傲嬌台南五號

咱們還是科普一下綠豆農業小知識。綠豆分為兩個常見的種類：油綠豆與粉綠豆。而人，恰巧也分為兩種：臉皮薄的跟臉皮厚的。

很容易理解，我們並不喜歡成天貪小便宜、不知廉恥的臉皮厚之人。而偏偏油綠豆就是屬於那種外殼又厚又硬，又不容易煮軟，於是多利用於加工產業，例如：綠豆粉、綠豆沙餡、豆芽菜種植等等。反觀粉綠豆，豆殼薄，又親善易煮，口感也如其名，粉狀質地，因此深受一般民眾喜愛，許多店家還都會特別聲稱自家使用粉綠豆，借以拉攏買氣。

上述兩者在熱帶地區皆廣泛種植，我們亦從各地進口大量油綠豆及少量粉綠豆以供市場所需。惟台灣主要推行自家品種「台南五號粉綠豆」，但由於農業人口流失，加上勞動生產成本提高，導致地狹無法大面積耕作的綠豆產業困頓不前，從高峰種植面積五千公頃，一路下落到兩百公頃，實為遺憾。

不過產業現況如此，渺小市民如阿佐，實在也無法撼動整個綠豆江山，只好以行動多多支持本產粉質綠豆，以表心意。

台灣綠豆冰沙的好，連對岸都知道。二〇一三年福州曼酷實品推出的綠豆冰沙都還得特別標註「正宗台灣風味」呢！

話已至此，想必大家已經了解綠豆冰沙這個看似俗氣，但卻十足傲骨的飲料，在我們生活中默默生存許久，又經歷許多大起大落，還能夠再次捲土重來，並代表台灣出征海外，此情此景，不頒發個「傲骨風霜」四字大匾額給它，實在有愧！

35　傲骨風霜的元老飲品——綠豆冰沙

03

一杯在手希望無窮

手搖杯

那年夏天，我獨自遊走在巴黎街頭，享受著香榭大道的微風，細聞著香奈兒散發出的法式風情，但品味的，不是咖啡，而是從台灣飄洋過海前來的，鹿角巷黑糖珍珠奶茶。

哪個城市有手搖杯我便不覺得孤單。

泡沫紅茶始祖之戰

外帶手搖杯店源起究竟為何？其實答案早已呼之欲出。一九八〇年代開始興起的泡沫紅茶店，正是現今風靡全球的外帶手搖杯店的前身。

據說，在很久很久以前，位於台中中國醫藥大學附近的小街上，有著那麼幾家茶葉行，因為茶葉生意不怎麼有著落，便起意改賣看起來很潮很酷很炫的「cocktail shaker」（調酒杯手搖紅茶），也就是如今我們所稱的泡沫紅茶，來吸引附近莘莘學子。

確實，這樣的新潮飲品在短時間內就起了暴紅效應，有如知識型網紅老高般，憑藉著不可思議的神奇力量，一路扶搖直上，而各個店家也紛紛推出新招，譬如只要泡沫紅茶杯數喝贏上一位挑戰者即可享免單優惠等，以許多行銷手法吸引那些上大學玩四年，啊不對，上大學寒窗苦讀的大學生，點燃泡沫紅茶的暴紅導火線。

史稱「泡沫紅茶始於台中」。

但事情真的有那麼簡單嗎？以「美食之都」為傲的台南人可不那麼認為。台南府城有家「雙全紅茶店」宣稱，他們的創始人張番薯先生在日治時期曾在日人開設的調酒館工作，早已練得一手 bartender 好手藝，直待國民政府來台後，才突發奇想，於一九四九年設立手搖泡沫紅茶這種新潮 style，故此，你們台中是學人精！

登愣！春水堂哭哭。

仔細想想，在遙遠的日治時期，無論是充滿情慾流動的咖啡廳、熙熙攘攘的喫茶店，或是文青網美的菓子店，都有冰紅茶作為飲品販售，加上在日治時期的台灣調酒店雖為數不多，但身為當時餐飲尖端的新型產業，怎麼說也是調教出許多好手的。仔細想來，此官宣說法，並無瑕疵。

雖然直到現在仍舊沒有確切證據足以證實台中台南兩造的泡沫紅茶始祖究竟如何，不過這倒也替台灣飲品之史蒙上一層神祕而有趣的面紗。

那個年代，是段青澀如初的阿佐沒來得及參與的過去，是它逐漸轉型之後，輝煌的現在與未來，我正心領神會著。

我叫你站，你就不許坐！外帶式泡沫紅茶的霸氣崛起

你膽敢在門店面積狹小的50嵐門前與朋友暢飲閒聊？阿佐還要臉，不敢。

起初泡沫紅茶竄紅之時，由於諸多大學生都有上進之心，絕對沒有假讀書真泡妞，或假讀書真耍廢之名，在那打混殺時間，真心不騙。於是為因應消費者需求，便設立起帶有坐位的「內用式泡沫紅茶店」，其中全盛時期以小歇、春水堂及台北茶街為首，日日門庭若市。

不過，要帶有坐位，占地面積就得廣，占地面積廣，租金就高，還要花上一筆不小的裝潢費用。可是茶水原料成本低毛利高，手頭上只有些許資本額的微型創業者怎麼能放過這樣的大好機會？於是一九九〇年代開始，便有「外帶式泡沫紅茶店」的誕生（當時還沒有手搖杯專詞），其中又以連鎖加盟開山鼻祖「休閒小站」為大宗，緊接在後的有快可立、樂利杯、葵可立等等品牌。

這樣的新形態微型創業甫出現，許多懷抱當老闆夢想的民眾可是樂得開花。根據當時消費統計，「外帶式泡沫紅茶店」月營業額在六十到九十萬之間，淨利可達十到三十萬，相較於「內用式泡沫紅茶店」，營利更多、回收更快，最重要的是，創業門檻還更低於內用式五十萬之多。

心動不如馬上行動，有腦的都不會放過，這樣高報酬高效率的投資很划算啊！加上島國暑熱難耐，島民皆須清涼解渴的飲料來緩衝整日的焦躁，又以工商時代繁忙加重，願意耗時坐在店內消費的族群減少，外帶市場怎麼看都是前景大好。於是「外帶式泡沫紅茶店」勢如破竹般，在台灣遍地開花，甚至一路開向世界。

絕對能榮登萬國博覽會的發明：塑膠杯封口機

康雍乾這般的盛世，都需要幾位肱骨之臣輔助以得天下之心，更何況茶葉產業也不僅僅是咱們台灣獨有，光是以泡沫紅茶為唯一理由就要撐起手搖杯的霸業？別說沒門，連窗戶都沒有！

自手搖泡沫紅茶這個聚寶盆發揮效應之後，有許多創新的發明隨之而來。舉個例子來說，「歐式泡沫飲料機」名字夠高大上吧！聽上去就是一個高端發明，但其實與歐洲根本八竿子打不著關係。

那這到底是啥玩意兒？不曉得各位佐派貪吃鬼您們是否還記得，小的時候，媽媽牽著您的稚嫩小手，舉凡晃到手搖飲料店附近，您都會瞧見貌似鬼娃恰吉般的紅衣洋娃娃在那搖頭晃腦，就像個非法童工般地賣命，那就是所謂的「歐式泡沫飲料機」，洋氣得很！隨著泡沫紅茶店的人氣越燒越旺，要以人工手搖出濃密細緻的泡沫那實在太耗費力氣，致使這樣的輔助機器漸漸受到業者青睞，於是滿街都可以看到恰吉的女朋友在打工。

當然，歐式泡沫機只是整個手搖產業的冰山一角。如同重臣張廷玉般強大，支撐起整個「外帶飲料店」盛況的發明，非「飲料杯封口機」莫屬。

據聞，飲料杯封口機的發明人葉益芳先生表示，當初只是想要幫助同梯阿兵哥弟兄，因為他每回幫長官買自助餐，用鋼杯打包的蘿蔔湯老是灑翻，因而受到上級嚴重責罵，對此懊惱不已，於是葉先生靈機一動，想到用塑膠袋綁著橡皮筋就可以避免「塔滑湯灑湯燙塔」的窘境，進而發想出飲料杯封口機這項舉世發明，多麼樸實無華的發明理由！

阿佐必須在此嚴正指責國軍長官，自助餐不會自己買嗎！腿長哪去了？岔題了。

起先這台巨獸般的機器並不是那麼好使，許多店家都拒絕葉先生的業務之託，但他決心不放棄，將機台改良再改良，加上當時政府對於手搖飲料衛生查緝越發嚴格，許多業者逐漸意識到手搖杯與封口機已然成為脣亡齒寒的革命關係，便紛紛摒棄容易溢出的傳統塑膠杯蓋，轉而投向封口機的懷抱，與其共同建立外帶手搖杯的春秋大業。

終於，手搖杯不再側漏，可以一夜到天明，喔不，是一杯到日落，但凡騎機車顛簸、走路閒逛搖搖晃晃，都不再黏手煩人，瞬時成為民眾的日常。

不過外帶手搖杯產業這塊大餅哪有那麼容易分完？隨著環保意識抬頭，MIT的手搖杯周邊商品蠢蠢欲動地浮現檯面，例如環保飲料杯布套、環保吸管，甚至近期非常富有智慧巧思的「無吸管漂浮飲料杯」。

您說說，「糾」竟哪個國度能創造出如此豐功偉業？

小確幸之下的世代焦慮

根據智榮基金會花費五年的研究報告指出，受訪的一千七百八十八位，年齡分布在十八到四十歲的群體之所以習慣消費手搖杯，是他們將其當成一種「紓壓寄託」，花小錢便能感受到莫大滿足，也就是俗稱的小確幸。

雖然年輕但卻顯老的阿佐，恰好落在這個族群，自認為這個研究結果是顯然易見的答案，幾乎無須任何研究報告佐證，你摸著自己左邊那顆寂寞又渺小的心臟，感受到的疼痛程度就是你花在手搖杯身上的總消費金額。

倘若你是年輕有為的青創資方，被客戶罵又管不動員工，來杯手搖杯吧！錢都燒不夠了，哪有餘錢喝杯紅酒澆愁；又假設你是奮發向上的新手勞方，被客戶老闆上下夾擊又逢同事不善，來杯手搖杯吧！錢都賺不多了，哪有存款喝杯啤酒解憂。

台式手搖杯，不僅僅是傳奇，更是享譽國際的台灣之心。

泡沫紅茶
紅粉佳人

04

下腳料也有春天

蘆筍汁

某天，站在我身邊高富帥的麵區師傅，拿著一大包我們除去的白蘆筍皮，自信滿滿地說要煮一鍋蘆筍汁給大夥喝。咦？阿佐在巴黎工作時，每天處理成千上萬的白蘆筍、綠蘆筍，怎麼君不見思鄉之心，就沒想到給那些巴黎人熬一鍋台式蘆筍汁來嚇嚇他們呢？實在有愧。

遙想當年，阿婆都會帶我到附近的雜貨店，買一箱蘆筍汁在家備用，每天下課回家，第一件事情就是開一瓶蘆筍汁，配著阿婆準備的課後甜點。

讓後人可以乘涼的郭大樹

其實台灣種植蘆筍也不是兩三天的事情了，從一九三〇年代開始，為迎合零星點點的台灣西餐廳需求，早就有人已經開始試種，只不過天不從人願，蘆筍試種並不順利，只好不斷進口國外的罐頭，讓台灣一些上流社會及外國洋人得以解饞。

一九五五年，報紙斗大的標題寫著「花蓮市民郭大樹試植蘆筍獲成功」。

沒錯，前人種樹，後人乘涼，讓我們乘涼在蘆筍美好的，便是郭先生大樹。

雖然單看起來，郭大樹先生只是栽種出一種名為「安斯百露佳素」（Asparagus）的蔬菜，並無什麼特別之處，新物種而已嘛！但後面的劇情，倘若沒有郭大樹的鼎力支持、細心耕耘，台灣可能不會出現蘆筍汁這樣的平民飲料傳奇故事。

灑狗血八點檔大戲——蘆筍罐頭產業

正所謂：機會是留給準備好的人。那沒準備好怎麼辦？產業投資有賺有賠，申購前應詳閱公開說明書。

一九六〇年開始，有鑑於鳳梨及洋菇罐頭勢如破竹，外國人都很喜歡台製罐頭，為此賺來不少外匯。故此，政府開始不斷大外宣台灣蘆筍品質，開放各種貸款，鼓勵農民種植蘆筍，大鳴大放天花亂墜地美化蘆筍罐頭產業前景，簡直比購物台主播還要購物台，島內助銷一級棒。

但外銷功力呢？你以為蘆筍罐頭產業跟沖天炮一樣一飛衝天嗎？不是的。

蘆筍在當時的台灣農業界根本就還處於新手村的階段，種是種出來了，但是品項都不怎麼好，加工技術也不是太理想，本來歡天喜地、緊鑼密鼓地廣邀農民種植蘆筍，期盼一同建立蘆筍罐頭大業的政府，此時踢到了一塊硬鐵板：世界蘆筍進口大國德國果斷拒絕進口台灣蘆筍罐頭。

歐洲人果然沒在跟你玩島內自嗨的。

情勢所迫，蘆筍又是個新玩意兒，除了國宴以及少數西餐廳懂得使用並且買得起的窘境之下，掐指一算，哎呀，貨好像出不去？於是朝令夕改，開始動員媒體洗腦農民：「別再種啦！這玩意兒還沒我們想像的那麼好啊！」，甚至難得地為求國際商譽，一度下令不得再自行出口蘆筍罐頭。

但罐頭工廠跟蘆筍農民頭都洗一半了，能不繼續嗎？於是民間企業開始與在朝進行協商：品質企業會把關，至於訂單，能不能商請政府單位派人去協調協調？

恰巧，事發當年正好趕上美國、日本兩個蘆筍生產大國歉收的情況，視蘆筍如命的德國人最終還是同意向台灣購入蘆筍罐頭充飢。千載難逢的機會，台灣可不能錯過。於是官商兩造協商，統一規定出「蘆筍收購標準」及「蘆筍罐頭製作標準」來確保輸出西德的蘆筍罐頭品質無虞。其後，為求有效且順利的商業發展，還共同訂定出「蘆筍計畫生產」。

在計畫生產之下，看起來一片祥和，實則暗地波濤洶湧。諸多問題如：工廠與農民收購價格談不攏、廠商不履行收購、農會檢收規定嚴格等等，致使蘆筍產業波折不斷。不過再這樣寫下去，整本書就真的成為「蘆筍人生」那類的狗血八點檔了。

後來，堅強的台灣人就這樣吵吵鬧鬧地配合官方計畫生產，共創與鳳梨、洋菇合稱「三罐王」的蘆筍罐頭產業榮景。

此時，因製作罐頭而產生的大量蘆筍腳料及蘆筍皮，也開啟了專屬於它們的廢物人生。

島內會員專享的邊角料

最近 YouTube 很流行用拍攝影片的邊角料，也就是幕後花絮，作為賣點來吸引觀眾加入付費會員。哼哼，這招台灣早就行之有年。

不願意暴殄天物的中華兒女，本著愛物惜物的良善，不管什麼農作邊角料，基本上都可以物盡其用，何況那麼驕貴的蘆筍？不合規格的醜蘆筍、纖維太過粗硬的蘆筍根、蘆筍皮，通通拿去做蘆筍汁！

起初這些邊角料只是零星應用於家庭養生的降暑偏方，但喝著喝著，別有一番島國風情：炎熱的暑氣配上清涼的蘆筍汁，十分高雅。隨著蘆筍罐頭業發展如日中天，剩餘的邊角料如果只是運用在家庭食譜，簡直大材小用，於是各大罐頭工廠紛紛借用家庭妙計，開始生產「蘆筍汁罐頭」。

此時此刻還只是「罐頭」，並非我們熟悉的易拉罐。當時的人怎麼喝蘆筍汁罐頭呢？先用開罐器在上頭打兩個洞，運用空氣將蘆筍汁推出來。蘆筍汁極其珍貴，連喝一口都如此麻煩。至於易拉罐、鋁箔包那都是之後的事情了。

蘆筍汁與汽水的世紀對決

蘆筍汁在當時簡直是驚天地泣鬼神的飲料神作，畢竟如此高價的蔬菜，竟然還能被死老百姓享用其美味，與庶民同歡，可見受歡迎程度非同小可。

此時，汽水不開心了。

台灣是塊飲料大餅，大家都知道，人人都想分一杯羹，汽水身為全世界的飲料甜心教主，怎麼能夠錯過？但它千算萬算絕對沒算到，蘆筍汁竟然不用課稅！汽水的販售價格直接輸在起跑點。這仗怎打？為何台灣飲料界如此不公不義？

不不不，汽水誤會了，這一切都只是因為早年財政廳表示：蘆筍屬於蔬菜，蘆筍皮屬於蔬菜廢料，因此使用蔬菜廢料的蘆筍汁還是屬於蔬菜，不應課徵貨物稅。

啊——農產品不用課稅，這點小常識大家都知道吧？

但外國人總是比較捍衛自身權益的，當然洋派汽水也是，在長達數年的協商斡旋之下，財政廳為求齊頭式平等，只好大義滅親，殘忍地宣布本土派蘆筍汁必須加入這場「中華民國萬萬稅」的戰爭。蘆筍汁就這樣被剝奪種子戰隊的頭銜，無奈地與其他飲料直球對決。

作為本土派代表但又滿喜歡喝汽水的阿佐感到困擾。

津津還親親，味王閉上眼睛

各位火眼金睛的柯南讀者，想必已然察覺，為什麼阿佐始終沒有提到大家俗稱「蘆筍汁始祖」的津津蘆筍汁呢？

如同前面所述，蘆筍汁這個配方起源於民間，此後借鏡此飲料的公司多了去了，當時蘆筍罐頭那麼盛況空前的情景，不可能是以味精起家的津津獨創。

若要論將蘆筍汁發揚光大者，究竟是津津、親親，還是味王？對於住在新竹的阿佐來說，味王才是我小時候的記憶。但津津的貢獻恐怕還是挺大，畢竟首創用那隻性感誘惑的金絲貓當作商標，確實滿清涼。

故事的最後，以不是太歡喜的結局收場。

老牌津津的董座因為投資失利而倒閉，改由老員工組成 2T 津津重出江湖；味王與親親因涉及標示不符而慘遭下架，並且喪失 GMP 標示。雖然日後三者都有再力求發憤，但蘆筍汁早已在飲料市場的洪流中逐漸被淹沒，風光不再。

唉，心好痛，我要去全聯買鐵罐蘆筍汁了。

味王
蘆筍飲料
原汁 10%
津津蘆筍
Asparagus Jui

05

拎起來酸V啊酸V

金桔檸檬

台灣盛夏，熱氣氤氳，路面沸騰，腦袋腫脹。

為了躲避酷熱走在騎樓下，恍惚之間，我斜眼撇過一縷金光，經典塑膠大桶，底座橘色鮮明，上下綠圈環繞，中間洋洋灑灑寫下四個大字：金桔檸檬。光是眼瞧，就能體會到所謂的生津止渴，暑意瞬時消失大半。

想當年，金桔檸檬從南部一路北征而上，幾乎大街小巷都有著醒目的壓克力大桶，小車攤前經常絡繹不絕，連阿佐的家母，因為家中三兄妹都非常鍾情那股酸甜滋味，還特別上果樹行，添購了一盆金桔果樹，自信嚷嚷著要給我們這群猴孩子手工製作愛是唯一添加物的健康金桔檸檬。

啊，那是多久之前的回憶，自從手搖杯新世代崛起之後，曾經紅透台灣半邊天的金桔檸檬，竟然就這樣悄無聲息地消失在台灣飲料的熱門排行中。

金桔不是念金ㄐㄧˊ是金ㄐㄩˊ

阿佐身為指考國文頂標、基測國文差點滿分的國文小老師，也是直到二〇二〇年才知曉，原來金桔讀作金「ㄐㄩˊ」而不是金「ㄐㄧˊ」，簡直是莫大的羞辱！

雖然阿佐一度以為是不是在年幼時期，不曉得哪位台灣國語腔調很重的長輩教我說這個詞的，導致這數十年來的大錯，不過經過資料調查的結果，似乎讀作「ㄐㄧˊ」頗有深意。

普遍來說，我們印象中的金桔檸檬，裏頭小小的金桔是綠色偏酸的，故又稱酸桔或四季桔；與此同時，恰巧有一個跟它念法相同，卻是不同種類的「金橘」狹路相逢，此款金橘又名為金柑或金棗，也就是我們到宜蘭旅遊的時候，遊覽車都會把我們丟包在一間名為「橘之鄉」的金橘工廠，是產出大批黃澄澄甜滋滋金橘蜜餞的聖地。兩者音同形異，最主要的外觀差別在於金桔圓滾滾，金橘長橢圓，風味全然不同。

「ㄐㄩˊㄐㄩˊ」復「ㄐㄩˊㄐㄩˊ」，不如念金「ㄐㄧˊ」。

也許就是這般巧合，在一九九〇年代開始北進的金桔檸檬，不僅在台灣散播名氣，還被各家飲料大廠相中，製成便利商店的罐裝飲料，一夕暴紅的名聲遠超過蜜餞金橘，為了方便讓廠商叫貨、消費者區分，乾脆有邊讀邊、以訛傳訛，自此人稱金「ㄐㄧˊ」檸檬問世。

當個勇敢的M型台灣人

台灣飲料市場，總是三十年河東三十年河西的局面，就跟韓國歐巴一樣，總是不斷輪流稱霸，去年孔劉今年李敏鎬明年玄彬這般交替著。

曾經，金桔檸檬簡直就是熱銷全台灣飲料界的歐巴，叫人看見就口水直流，清涼退火。

金桔檸檬的發跡，始於台灣南部，據說第一家老店在一九六〇年代的高雄早已展開。原因無他，完全憑藉產地便捷之利，畢竟位在最南梢的屏東九如是重要檸檬產區之一，起初盛行的檸檬汁，大多數檸檬原料都是來自此地。

常言道，食材成本的控管，是餐飲業能否活命的關鍵。阿佐用性命向各位擔保，以曾經負責農產品採購案數年的經歷來看，檸檬的產地價格簡直是數一數二的雲霄飛車等級，暴漲暴跌的速度比溪水還快，在此誠心奉勸各位，心臟不夠大顆可千萬別碰農產銷售。

一杯飲料價格不過幾十塊，成本變動太過浮動完全不是好事，特別是檸檬成本過高的時候，又不能隨便調漲飲料售價，否則老主顧會森氣氣。時而入不敷出該怎麼辦呢？山不轉路轉，路不轉人轉，想想替代方案，金桔貌似是個好選擇，一來價格相對穩定，屏東九如亦為產區，二來金桔小歸小，但酸度十足，夠勁夠味，與檸檬格外搭調，丟幾顆下去，看起來又小巧可愛，於是拍板定案，金桔加檸檬蹦出新滋味。

酸加酸，有些店家甚至推出酸梅加料版，酸加酸加酸，比八點檔潑婦的酸言酸語還要酸。

不過，台灣人的奴性是最堅強的品行。明知道如此神之酸的飲料入口，那股酸勁會直衝腦門，甚至會如電流般直攻太陽穴，讓頭腔產生不可思議的扭曲、顏面神經間歇性的失調、齒縫牙齦不可承受的酸軟，但購買人潮仍舊不斷洶湧，甚至還有膽大包天的人會說：「老闆再幫我調酸一點。」

飲料不酸，台灣人不愛，標準「M形社會」，真的是有夠抖M。

唯憾，有暴漲必有暴跌，手搖杯之戰猛然開打之後，金桔檸檬就漸漸隱退了，只能偶爾在夜市小攤見其蹤跡。後來，即便有知名手搖杯店欲模仿其神態，推出翡翠檸檬、鮮榨檸檬青等飲品，但皆不如預期地慘淡收場，大抵是因為加入過多的果糖吧？傳說中的黃金比例終究只保留在傳統金桔檸檬的手裡，王者永遠是王者，能讓嗜甜如命的南部人接受的酸之王者，而對於不嗜甜的北部人而言，不僅氣候悶熱，生活更是苦悶，來一劑酸爽調節更是滋味。

養顏美容又生津止渴，如此良方，不復興嗎？

輯二

記憶中的經典小吃

06

台灣夜市經典之冠

蚵仔煎

老闆，我要一份「煎」！

蚵仔煎，台灣人最喜歡，但又不一定最喜歡的小吃。

阿佐就是這種流派，因為不太喜歡吃蚵仔，總覺得腥味很重，即便到彰化王功體驗親撈上岸的新鮮蚵仔，也不是很能接受。但我卻很變態地喜歡蚵仔煎，唯獨不要蚵仔。

還記得幼時與死黨正妹友人到新竹城隍廟吃蚵仔煎，我們神態自若地說：老闆一份蚵仔煎不要蚵仔。沒想到老闆卻回答：只要「煎」是嗎？搭配上鏗鏘有力的鄉土母語，簡直逗趣。

後來，坊間開始出現「雙蛋煎」、「蝦仁煎」、「花枝煎」等等煎類，顯然多數的台灣人並不唯獨鍾情「蚵仔煎」，而是對於「煎」有著死心踏地、至死不渝的熱愛。因此，蚵仔煎，漸漸變成一種小吃選擇型態，而非絕對名稱。

想來也是，Q彈軟糯的鼻涕狀透明膠，在大力火候的摧殘之下邊緣微焦爽脆，雞蛋如擴香般四溢，幾撮蔬菜聊表綠意，甜辣紅醬配色得宜，儼然就是一幅聞著誘人的名畫，誰能抵擋？甭管它摻和的是蚵仔、花枝、蝦仁，又或者是龍蝦鮑魚，上述基本盤固定，就能攏絡人心。

遙想遠在巴黎的那年，一窮二白的阿佐想讓外國朋友體驗蚵仔煎之美，又礙於法國生蠔貴到我不如直接上吊，於是就想出使用帶有獨特風味的茼蒿提升鮮味，也是迷惑整票眾人。

蚵仔煎真諦：料不在精，有煎就行。

五湖四海，一煎各表

關於蚵仔煎的起源，台灣民間普遍聽信的傳說是國姓爺鄭成功，在圍攻熱蘭遮城時，奸詐的荷蘭人把米糧通通藏起來，鄭軍在迫於無奈之下，想出用地瓜粉摻和沿海隨便撈隨便有的蚵仔，煎炙食用。

這個故事其實頗為風雅，畢竟生蠔吃到飽簡直是現代人的夢想，而當年鄭軍竟然唾手可得，不費吹灰之力就能餐餐大啖鮮蚵，我們只能嘆興，遙望回不去的那個年代，羨慕忌妒恨。

但民間傳說流傳至此，加上鄭先生成功在台灣漢人心中有不可撼動之地位，很多光怪陸離的奇事本就與這位國姓爺有著神祕的關係，發明區區蚵仔煎亦不足為奇。然，蚵仔煎本是流傳已久的民間菜餚，去探究誰是發明者，無異於舉證誰是種稻第一人般，史跡難尋。

但嶺南華人的移民足跡卻清晰可見。

我們並不難發現在新加坡、馬來西亞，同樣有著「蚵仔＋澱粉」的組合，他們都有著相似的名稱「蠔煎」、「蠔烙」，香港、澳門也有此種名物，多稱「蠔餅」。蠔同義蚵，根據《蚵仔煎的身世：台灣食物名小考》一書中，曹銘宗老師所述，「蚵仔煎」這種「名詞放在動詞前」組合而成的新名詞，是為閩南語特殊用法，然觀「蠔煎」亦是，因此推斷二者同根生，想來也不無可行。

不過即便師出同門，如今也是「一煎各表」了。

新馬地區的蠔煎，雖然食材料底與台灣相仿，但他們多喜歡將其翻炒到支離破碎，若說台灣蚵仔煎是整幅風景名畫，那麼新馬蠔煎就是雷諾瓦拼圖；港澳地區除了地瓜粉之外，還會添加麵粉，並且會將所有食材通通混合，再輔以大量的食用油炸至金黃；與香港地區同樣喜歡將食材拌在一起的還有金門地區，再加入大量的蔬菜，完全獨樹一格。

思量著，把阿呆鼻涕當主食的蚵仔煎，也就台灣人懂得欣賞了。

值得留意的是，無論是新馬或是港澳地區，食用蠔煎皆不以淋醬方式呈現，大多佐以辣椒、魚露、醬油等「沾醬」微微提鮮；而台灣蚵仔煎，除了本體煎之外，醬汁完全是第二命脈。

我說，那個醬汁呢？

醬汁的重要，小當家最知道。

「沒有醬汁的料理，根本沒有必要試吃」這句話恰如其分體現在台灣蚵仔煎上。

台灣小吃的醬，是尤其重要的元素，是靈魂也是心臟，縱然食物本體表現再耀眼突出，沒有淋醬的小吃，盡失光澤，稱不上台灣一分子。然而，醬的製程，每個店家都有自己獨特的祕方，不過八九不離十，都緣起於「米醬」。

米醬，字面上顯而易懂，台灣醬料界的 mother sauce。

自古台灣本以米食為天，有著米醬顯然是情理之中的事。米醬的通體基底是用在來米粉、糖、水和些微醬油調色，色澤乳白中帶點暖色溫潤，風味上自然是偏甜口，與鹹食相得益彰，故又稱甜米醬。

此後，按照這番基底，台灣人製成各種絕代風華。大部分的店家會在裡頭加研磨辣椒汁、味噌，或是加入番茄醬、甜辣醬、豆瓣醬、甜麵醬等等日常調味聖品，製作出數以千計的獨家祕方，作為吸引顧客前來的絕活。其中，因為配方而導致色澤差異，又能分為粉紅醬、紅醬等等。

如今乳白色的甜米醬，大多流行於自台中以南的地區，其中又以肉圓最常使用，蚵仔煎反而少用純粹的甜米醬，不曉得是否因為配色的關係，或是鮮蚵倘若只用單調的甜米醬略顯乏味，現代我們日常所食的蚵仔煎都會搭配紅醬摻拌，甚至漸漸脫離米醬的制約，有些人稱其為海山醬，一說是與廣東地區的「海鮮醬」同義，但兩者色澤全然不相同；另一說是因為此醬與山珍海味搭配皆宜，因此稱作海山醬。

名稱怎麼來的並不重要，比較有趣的是，今時今日，我們食用的紅醬、海山醬，其配方多用味噌、番茄醬與甜辣醬調味，而味噌與番茄醬卻是日治時期殖民政府挾帶而來的產物，這恰好說明台灣蚵仔煎為何與其他華人地區有著如此顯著的醬料差異，也是台灣數百年來，深受不同文化交融之下，所誕育的「台灣味」。

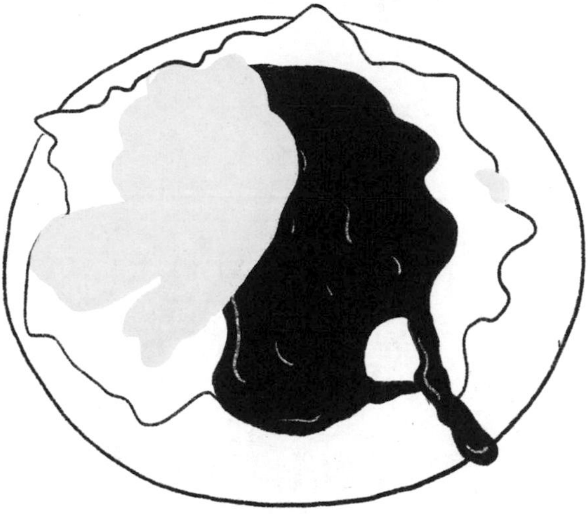

07

老派又多變的國民美食

滷肉飯

滷肉飯，台灣國飯，關於它的別稱，魯肉飯、肉燥飯，或是攪和南北之爭等等諸如此類的繁瑣俗事，我們在此先打住。頂天立地貪吃鬼甭管它到底叫什麼，好吃就行。再次強調，本篇提及的滷肉飯，就是豬肉細丁與醬油及各種香料齊燉煮成膠再淋上飯的那種流派。

老派滷肉飯之必要

滷肉飯是很多元，卻又很「個人主義」的飲食族群。何謂多元又個人主義呢？就是，即便全台灣成千上萬家的滷肉飯擺在你面前，五花八門，光彩奪目，你仍舊會找自己習慣口味的滷肉飯，那間店不見得在網路上搜尋得到，也許你還會不屑那些人氣名店，唯有這間老闆做的滷肉飯，永遠在你心中榜上有名，甚至在離鄉之際，會隔空吮指回味。

但於我而言，對滷肉飯還是有兩點是必要的。

其一，是豬肉的選用。

豬肉脂肪是構成滷肉脂香味美的必要之惡，有人會強調黑毛豬肉的脂肪香氣較為濃烈，是最合適作為原料的豬隻品種，我不反對這樣的意見，不過在台灣，造成黑毛豬與白毛豬香氣的差異並非品種，而是飼養時間長短所致，所以偶遇香氣表現不錯的白毛豬也是有極高可能的。

肥瘦比例也至關重要，我偏好肥四瘦六的比例，私以為這是黃金比例，這樣的比例烹製出來的滷汁，無論香氣、口感，都最為飽口，也最百吃不膩。但比例的調整我終歸是採取開放態度的，現代人追求養生，肥肉的比例逐漸下降，也是人之常情，最萬萬不可的行為，就是全使用瘦肉，若不願施點潤澤給滷汁，那麼乾脆吃肉鬆配稀飯還比較顯得高大尚。

請切記，選用豬肉丁，大小約莫在〇．五至一公分之間最為合適，如此一來，在燉煮時膠質肥油容易釋出，卻又能夠保存口感；使用瘦絞肉是比較不濟的作法，通常結局也不會太賞心悅目，略顯得乾扁無趣。

其二，是米飯。

一百家滷肉飯裡面，若有五家在乎米飯，我們就該偷笑。一般的店家都只在乎滷肉的味美程度，時常忽略滷肉飯是「滷肉」加「飯」所建構出來的，一磚一瓦，皆不可輕忽。你以為只有蛋炒飯才需要粒粒分明？滷肉飯更需要！最常見的低級錯誤，就是把飯煮得過於軟爛，再加入濕潤的滷汁，那簡直是一塌「糊」塗。最高端的滷肉飯，必須把米飯煮的軟硬適中，淋上滷汁，膠質跟油脂滲透米粒之間的縫隙，像精華液包裹住你每一吋肌膚那般，讓滷肉跟米飯在入口時，合而為一。

老派滷肉飯之必要，要求的不多，就兩點，畢竟老派碎嘴總是誤事。至於那些香料、配菜等各種形變，那又是將滷肉飯一舉推上百變舞台的技法了。

滷肉飯不僅能成為主角，還能當個錦上添花的配角

我們先把聚光燈打到滷肉飯本人身上，當它是餐桌上的大腕時，你會發現，滷肉飯經過廚師們的巧手變化及精細安排，果真會散發出小當家般的光芒。

以滷汁變化來說，阿佐在嘉義縣朴子一帶工作的那幾年，看見幾家販售「芋頭飯」的攤商，好奇之下點來嘗嘗，原來是摻了芋頭的滷肉飯，芋頭香氣與滷汁結合的巧妙，嘗在嘴裡有種樸實的香氣；位於西門町鼎鼎大名的東一排骨飯，白飯上頭淋滷肉，裏頭添了少許的梅干菜，帶點鹹香又回甘，常常讓人忘記他們家的招牌其實是排骨；台灣第一名廚阿基師，推薦了一招讓滷肉汁更加濃稠的技法，那就是添加花生醬，除此優點之外，我個人覺得花生的油脂還替滷肉飯多蒙上一層風味。其餘像是油蔥酥、蒜頭等等，更是經常替滷肉飯妝點出不同的絕代風華。

以配菜而言，最令人留連忘返的想必就是滷肉飯墊上華麗的半熟煎蛋了。新竹湖口的老五鹹粥，有一道有趣的菜名為「波霸滷肉飯」，華麗的雙蛋黃像女性的豐滿擺在眼前，筷子滑破，濃郁的蛋黃四處流竄，與滷肉飯談戀愛，這樣的放閃，足以讓大家都得到幸福。

爭什麼爭，摻在一起做雞滷飯啊！

曾經有嘉義的友人向我抗議，他認為嘉義雞肉飯應該也要被稱為「國飯」。鄉親啊，阿佐不是立委或議員，沒有辦法解決您們複雜的爭權問題。不過，別爭！聰明的店家早就想好怎麼應對這樣的問題，摻在一起做雞滷飯就好啦！滷肉飯的肥滿滋潤配上雞胸肉的乾柴，雞胸肉的清雅又舒緩了滷肉飯的豐腴，How amazing！

關於吃的問題誰也別爭，各自獨立，又互相取得平衡，創造出更多無限可能，方為上策。

豬肉沒申請專利，我們當主角也行

豬肉當然沒有能力替自己申請一套專利，霸占滷肉之頭銜，許多廚師運用「肉丁滷製」的技法作為基底，創造出不可思議的新滋味。

雲林虎尾的雲彰牧場，是專營牛肉料理的餐廳，牧場直送的新鮮牛肉是老闆苦心養育出來的，店裏頭的牛肉料理花招百變，出奇不意，其中有道默默吸引我目光的是「牛滷飯」，以牛肉為主烹製的滷肉飯，其中還增添花椒作為勾引味覺的引信，迷人得很；在嘉義朴子，離芋頭飯不遠處，另有一家名為真好味的「鴨滷飯」，手法與雞滷飯比較相仿，烤炙過的鴨肉撕碎，與豬肉滷汁一同作為澆頭鋪在白飯上，很有趣的搭配；基隆廟口的觀光人潮從未褪去，大名鼎鼎的「羊滷飯」搶眼奪目，羊肉特殊的氣味與鹹厚濃郁的醬油基底滷汁結合在一起，味道相當地魔幻。

物產富饒的台灣有不少肉類來源，既然豬肉為首的滷肉飯能浩浩蕩蕩的走出一片天，那麼其他動物自然也擇其善者而從之。

整個城市，都是滷肉飯的舞台

承如先前所言，滷肉飯不僅能獨挑大梁擔任名角，該退居配角時，它仍舊當仁不讓。

最常見它飾演配角的舞台，就是便當店，無論我去台北龍江街的金仙魚丸總店，或是竹北的金山雞腿飯用餐，也無論點的主菜是蝦捲、排骨、雞腿，我都一定會請老闆替我的白飯上頭多澆點滷汁，吃起來的滋味真是滿足感破表，更有再賺到一碗滷肉飯的快感。

更奇葩的滷肉飯演變，那就是滷汁的運用。滷肉飯不僅神通廣大的在我們的生活中流竄，還派出滷汁殺我們個措手不及，燙青菜就是很好的例子。普天之下的小吃攤商，好像有個 LINE 群組互相交流信息，所有人的燙青菜上頭都必須澆上一勺滷肉方顯得宜，即便不是每個人都喜歡這樣的作法，但這確實也是台灣奇景。

滷肉飯搭醋飲，C'est la vie

有回，餐期與旅居美國的友人聊天，討論到台灣庶民美食為什麼不喜歡搭配餐酒飲品，像西方那般，以餐會友、以酒交流，更進一步把自身價值提高。聊著聊著，興致大起，開始討論各種台灣小吃的搭餐酒，各種飲食大家皆能有條有理的說出幾款酒品做搭配，可唯獨滷肉飯，始終沒有人敢下定論。

有人說他配過紹興酒，也有人說配過高粱，卻總覺得酒精過於猛烈，把脂香沖淡；肉類能將紅白酒的果香成功勾引出，散發迷人香氣，例如牛肉麵，但又與膠質濃稠的滷肉飯差那麼一點。

恍惚之間，我們似乎想起了酒精以外的東西：水果醋。

濃稠滷汁形成耐人尋味的薄膜沾附在口腔的各個角落，小口啜飲水果醋，豐富的果香一湧而入，結合香濃膠汁，透過味覺，告訴大腦這是場華麗的饗宴，醋中的果酸可以解膩，冰涼入喉，舒服。

誰說傳統飲食只能是小吃？滷肉飯就是我們日常的小吃大餐。

08

南部正港ㄟ青春肉體

虱目魚

真正的南北城鄉差距完全在虱目魚身上體現。

在台北浪流連的那幾年，總是有不少友人不斷向我舉薦台北虱目魚名店「阿財虱目魚」，然後一直說這是庹宗康掛保證的美食名店。

阿佐評鑑：嗯，尚可。這並非有意貶之，只是若你真的曾經親自走訪南部虱目魚名店你便可明白我的苦衷。

很多水產其實透過先進的凍藏技術，風味大抵都能夠完善保存，唯獨虱目魚這傢伙不知道為什麼如此叛逆，但凡一經捕撈上岸，出了雲嘉南及高雄的領地之後，便開始不受控制地走鐘，即便凍藏過程詳善，也都只是減緩風味流失的速度，最終還是敗給時間這個風味小偷。

我測試了千方百回，一遍又一遍，從虱目魚聖地搬貨北上，皆不得善終。此後發誓再也不讓虱目魚遠渡千里，還是乖乖到南部朝聖吧！畢竟在美食面前，貪吃鬼都是渺小的，誰叫當初虱目魚養殖重鎮偏偏只在南部呢？

懂得吃帶刺魚類方能成為人上人？

這幾年，在國中小學營養午餐的議題中，有個小小的聲音不斷泛起漣漪：「讓孩子學會吃有魚刺的魚。」

這樣的探討起初始於有志之士發現孩童的營養午餐始終缺少海鮮品項，在多方探討之下，發現大多問題卡在營養午餐經費不足、部分家庭無法負擔自付額，還有些微因素是家長不放心讓孩童食用帶刺魚類等等，一直無法取得社會共識。但不知道哪裡陰錯陽差，導致部分團體認為讓孩童學會挑魚刺，既能夠免除家長對於安全的疑慮，又能促使校方在營養午餐上多配些「更營養」的海鮮，還附帶讓孩童習得「啊！原來魚有骨頭」的常識，以達真正的食農教育，聽上去真是個好主意。更有營養師出來指稱那些不會挑魚刺的孩童是「生活技能不足」，實在言重。

這些想法美則美矣，但卻忽略現實：一個班級二十到三十名學童，可是照看餐期的老師只有一位，怎能顧及每位孩童食用帶刺海產的安全？若對於「魚

之骨頭稱為魚刺」這般的常識還認為需要多方加強宣導，大可在書本教材中多加著墨，或詳細解析水產產業鏈確實存在「除刺片魚」這門專業，並不失為良方，何以讓眾多孩童及教師暴露在魚刺風險之下？至於營養午餐的菜色中，如何能夠獲得更多更營養的水產，那完全是經費的問題，與懂不懂挑魚刺又有何關係？

沒有魚刺的魚片並不是萬惡，也並不代表他們比較不營養。難不成我們台灣人吃的「無刺虱目魚肚」是塑膠？

科技始於人性，雖然片魚除刺只能算特技，但怎麼樣也算是一門專業，更是造福人類無須憂慮魚刺刺客的侵擾，能大快朵頤魚肉之美的技藝，否則，台灣浩浩蕩蕩的虱目魚產業，怎能特意拉出條「無刺虱目魚肚」的一級戰線呢？

獨步全球的片魚技法——「脂」醉金迷的無刺虱目魚肚

有鑑於此，阿佐姊姊並須向各位小朋友以正視聽，無刺魚片，是個產業環節，更是一門專業，並不是牠們直接從天上掉下來的唷！魚魚們是有骨頭的唷！

說到片魚除刺的特技，咳咳，阿佐本是法國巴黎費杭迪高等廚藝學校畢業，其他廚藝技法先不談，只論殺魚片魚，謙虛點說，連待過少林寺中國廚藝訓練學院的星爺都未必是我對手，雖然我還是滿想學折凳揍人法。

常見的片魚手法，門外漢上網求助各路好手便可略懂略懂。簡單來說大抵分為兩派：魚背下刀或魚肚下刀。而雖然身為海洋界食物鏈金字塔頂端代言人的日本人，因在落刀法上略有差異之下，獨樹一格，但卻始終脫離不了背下刀或肚下刀之流。反觀我們台灣人，在飲食技藝上，真的沒在謙讓，面對多刺的虱目魚，我們依舊待牠如帶刺的玫瑰般尊重，予以刀法特技重之惜之。

台灣人食虱目魚，最重其腹肚之位。此處油脂豐厚，卻又輕盈不膩，完美補足精肉過於纖瘦的口感，若以直火香煎，焦脆滋味令人嫣然一笑，「脂」醉金迷。於是乎，虱目魚肚成為了台灣人追求的饕品，也孕育出台灣獨有的片魚技法。

完整無瑕的虱目魚整條陳列在砧板上，短寬魚刀從「魚身中間」落下，將肉質肥嫩的肚與肉質細柴的身，做個完美切割，彼此井水不犯河水，此處你便可領會台灣獨特取魚肚之絕美奧義；之後，順著魚身弧形骨骼，緩落剃下魚肚，絲毫不傷其腹腔脂肪及內臟，待魚身兩側皆取肚完畢，我們將得到一張瑩光透皙的美麗虱目魚肚，且中間呈帶狀黑鑽貼皮般的油脂結構，此番佳魚實在難尋。

你以為先民的智慧只用來取小小一片魚肚精華嗎？不不不，事情沒有那麼簡單。講到這裡，認真閱讀文字的讀者會發現其中有一巧妙：此法不傷其內臟。

沒錯，只要抽空到南部旅遊一趟，你便可以發現南部人會將魚腸魚乾香煎、魚胃熱油快炒，拿來當下酒菜簡直人間美味！也只有這樣特殊的片魚技法，才可以避免開腸破肚的慘況，最大程度的保存內臟的完整度，進而食用虱目魚之日月精華。

當然，魚背鰭肉也不能浪費。沿著魚脊骨剃下的精肉稱之為「魚里肌」或是「魚菲力」，拿來乾煎或油炸都滋味甚好，打成魚漿亦可。魚頭最常見的方法就是滷煮，遙想某年嘉義友人力薦我一定要嘗嘗南部滷虱目魚頭的滋味時，

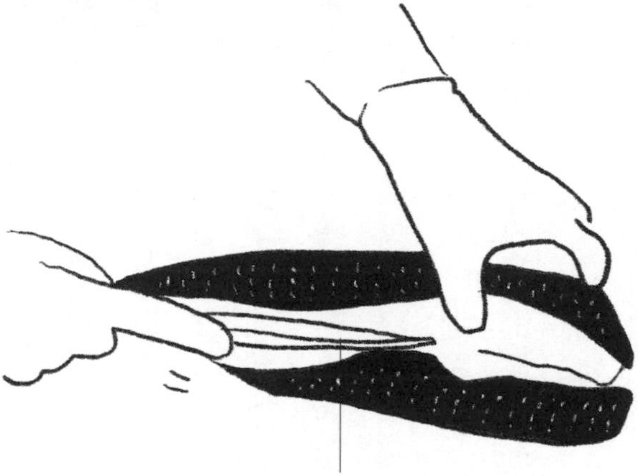

一般刀法：從魚背下刀。

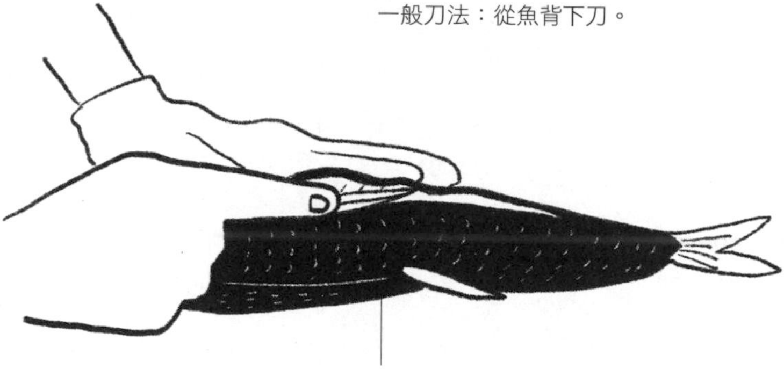

片魚刀法：從魚肚下刀。

我差點沒死在魚刺刀下，雖然滋味美妙，但「蹭魚刺」這樣的功夫，阿佐這樣的都市俗始終都無法學會。

講到此處，我們更加證明片魚除刺的技術並非破壞食農教育的撒旦，反而是將一條完整的魚，徹頭徹尾地善加利用，絲毫不浪費。

試想，你若是給小朋友一條完整帶刺的魚，魚頭牠們吃嗎？內臟能完整保留利用嗎？即便魚肉食畢不剩，那吃完的魚骨還能拿來熬湯嗎？答案已然呼之欲出。

這才是魚皮料理界霸主

欸，那個新加坡鹹蛋魚皮請先旁邊站，因為我們現在要隆重歡迎魚皮料理霸主出場，請大家熱烈鼓掌：高雄虱目魚皮漿！啪啪啪啪啪！

位在高雄大溝頂的虱目魚肚漿湯是阿佐摯友真情推薦，每回我去高雄拜訪她，我們都會使出洪荒之力，調好幾個鬧鐘，就是為了趕上透早的白肚魚晨光，前去喝碗鮮味直衝腦門、口感軟中帶勁的魚皮漿湯。

除去精華腹部的虱目魚並非孑然一身，將上背鰭精肉去皮後，夥同從魚骨身上拽下的魚肉一起打成魚漿，再豪邁地吃回頭草，重新巴在魚皮身上，入滾水大鍋煮熟盛湯，撒入薑絲芹菜提味，便是一碗驚天地泣鬼神，阿佐回回到高雄，至死不渝都要喝上一碗的魚皮漿湯。

論起虱目魚泛泛料理之中，此處實在是我心尖兒上的一塊肉。

古代宰相肚裡能撐船不算什麼，頂多只是一艘小帆船，反觀台灣虱目魚肚的飲食文化中，憑藉著追求虱目魚精華腹肚的意志力，進而發展出零浪費的多方烹調手法，從魚頭到魚身，魚身至魚骨，甚或內臟，撐起整個虱目魚產業，照看著數以萬計的家庭，那才堪稱一絕！

09

米食知音難尋？

米苔目

呱？*法國人也愛吃米苔目？

二〇一八年冬天，我拖著十八吋的登機箱，從巴黎搭上前往史特拉斯堡的TGV高鐵，按耐不住興奮。此次行程規劃在聖誕節當天，完全預謀作案，揣著即便是窮遊，也必須到有著全歐洲最經典的聖誕市集——史特拉斯堡的心態，短暫放縱自己。

下車出站之後，隨即迎來的是小時候聽兒歌，腦袋會出現的景致：雪花隨風飄，花鹿在奔跑，聖誕老公公，駕著美麗雪橇。當然，聖誕老公公跟花鹿都是藝術家造景出來的，但猶原可愛。街道掛滿了聖誕裝飾小燈泡，紛飛的雪片將其遮掩，散發出迷濛光環醉人，很像賣火柴小女孩甜美的幻想。

這一切，不出所料地夢幻與美麗。

*註：法文裡的「quoi」發音近似「呱」，意思為「什麼」。

然而，浪漫的場景總是會被務實的飢餓刺穿，我迫不及待走到聖誕市集中，當年特意設立的「史特拉斯堡當地餐廳美食區」，其中有一個小攤特別大排長龍，讓我不禁被吸引，入列其中。

菜單上清晰可見一樣明星商品：JOUE DE BOEUF AU PINOT NOIR AVEC SPÄTZLE，前面對略懂法文的阿佐來說當然不是問題，紅酒燉牛頰肉，法式經典的菜色，但後面那個字顯然不是法文，身為亞洲俗的我懵然不知。

我隨波逐流地點了這道菜，卻在迷迷糊糊之中，看見後頭的廚師手持著我似曾相識的工具在製作著SPÄTZLE……等等！那不是，供奉在我們家櫥櫃裡面，我阿婆每次都會用它來做米苔目的篩子嗎？我瞠目結舌地看著廚師將一杓一杓的不明澱粉糊放在上頭，然後擺出和我阿婆如出一轍的架式將澱粉糊篩出細短長的姿態，落入滾水中煮沸撈起。

這是，歐洲版的米苔目嗎？

濕軟的SPÄTZLE配著紅酒燉牛頰肉，滋味甚美，但SPÄTZLE的口感與米苔目全然不同，對於全球美食還不是很熟悉的我，立刻掏出手機，將求知慾發揮極致。原來，SPÄTZLE是一種用雞蛋、麵粉、鹽簡單混合而成的麵食，常見於德國，而位處於德法交界的阿爾薩斯地區自然也承襲這樣的飲食習慣。SPÄTZLE在維基百科的中文頁面寫成「德國麵疙瘩」，但我總覺得如果翻譯成「德國麵苔目」，對台灣人來說也許更貼近原意。

後來，我閒逛數間小店，看著無數製作SPÄTZLE的工具，這才終於體會，蕭亞軒那首《最熟悉的陌生人》心境究竟是如何了。

米苔目vs粉條之戰

這場戰役並不是突如其來，而是緣起於一場米苔目的內戰。

鄉民總是燃起爭端的挑事者。某天知名論壇PTT上出現一篇名為「看到鹹的米苔目有點驚訝」的民族分裂文，甜鹹兩派的米苔目擁護者就開始大肆宣揚自家門派的優點，以便抨擊瓦解對立方的軍團。

不過這個問題對阿佐這個客家子弟來說簡直是一塊小蛋糕，畢竟客家人出餐邏輯總是萬種風情，例如湯圓我們有鹹的，四神湯我們有甜的，即便兩者口味互為相反，還是意外能通，所以對於米苔目究竟該吃鹹的好還是甜的好，這種小孩子才做的選擇，客家人阿佐不予以理會，因為我全都要，唯盼憑藉著 love and peace 兩大基本元素，希望大家停止戰火。

不料，多位兄台與姑娘卻在此時自以為是地跳出來說：「甜的是粉條啦！不是米苔目，連這都搞不懂。」或是「米苔目跟粉條明明就一樣。」之類的話語，瞬間重燃戰火。

口味喜好能因人而異，得過且過，但這般訛傳，可不能縱容。

早期台灣農業社會因種植在來米居多，故此以在來米為基礎發展出的米食眾多，像是蘿蔔糕、碗糕、粄條、米粉等等，米苔目當然不免俗地列居其中。根據耆老口述，傳統製作米苔目時，必須先將在來米泡水後磨製成漿，再脫水取得乾燥米穀粉，接著將部分米穀粉加熱熟化，成為稍帶黏性的米團，與剩餘的米穀粉調配成濃稠米漿，放在特製篩板，或是家庭剉簽板的背面，手推成條狀落入沸騰的水煮熟，再撈出使其涼透。但因為在來米屬於秈稻，雖然自帶的米香濃郁，卻有直鏈澱粉結構過多的缺憾，使得質地鬆散，不彈韌。

反觀粉條，顧名思義，多種雜糧粉所製，常見的有地瓜粉、綠豆粉、馬鈴薯澱粉、樹薯粉等等，根據不同的口感需求調配而製，成品透亮，且Q彈程度簡直東京甩尾米苔目整條街都還不會斷。

不過值得注意的是，有許多家庭，會在製作米苔目的配方中，著意添加番薯粉或太白粉這類具有較多支鏈澱粉的雜糧粉，來補足口感上的不足。

但這並不意味著米苔目與粉條可以畫上等號，畢竟無論在香氣或外觀上，兩者根本就是截然不同的產物。

我依然比較喜歡米苔目那種，令人沉浸在稻香中，回到最初美好的感動。

題外話，阿佐從小就跟著長輩說客家話，我們稱米苔目為「米篩目」，仔細回想米苔目的製作過程，也許客語中的米篩目這個詞，更加保存了原屬涵意。

「米米」之音，「飯飯」之輩。

這小吃章節最後一篇選定台灣經典米食中的米苔目作為結尾，是有原因的。無論是早期原住民所栽種的山地陸稻，或是明末清初才被引進來台的秈稻與糯稻，甚至是日治時期才培育出來，我們目前日常最頻繁食用的粳稻蓬萊米，無疑都將台灣打造成以米食文化為基礎的社會。

在台灣，大家都受過米的照拂，人人都是「米米」之音、「飯飯」之輩。不過，隨著國民政府來台後，外省文化的帶入，以及中美合作下的麵食推廣，加上西方飲食文化的影響，我們的飲食習慣逐漸改變，食米糧漸漸減少，也讓各形各色的普遍傳統米食，漸漸變成罕見的特殊「古早味」，甚至失傳。

身為客家米食大本營成員之一的阿佐，自然不樂見這種情況發生。也許礙於口感差異，又或者傳統米食箝制於過於窠臼的印象，使得年輕人不感興趣，但我仍然相信，必須不斷致力於推廣米食文化，例如客庄旅遊必推的客家菜包、新竹名產米粉以及研發創新更多米製新品，例如農委會不斷推廣的米麵包、乖乖近年新品關山米乖乖餅乾等等，這些都是能夠保存傳統美味又極具潛力的發展方向。

近年來，餐飲界開始越發強調本土物產，我亦期待在這種風氣的催化之下，各派頂尖廚師能夠重提台灣的米食文化，再次喚起台灣人對米食的熱愛與尊重。

輯三

產業才是關鍵

10

捨生取義的最佳代言人

鹽水雞

「晚餐買鹽水雞來配好不好？這樣只要煮白飯就解決了。」這是我在外宿期間，最常跟室友說的話。

鹽水雞，曾幾何時，已經從古早辦桌宴客上方能見著的大菜，搖身演變成庶民小吃，但凡情侶逛街、摯友八卦、家庭小酌，時不時都能看見它的身影。

「雞」房重地，生人請近

阿佐芳齡半百的半百加一，生平中第一次嘗鮮鹽水雞，是拜當時正在台北念大學的哥哥所賜。俗人北上探親，家兄領著我在大台北地區到處亂逛，不亦樂乎，最後風塵僕僕地趕到著名的師大夜市，讓俗人體驗從未有過的台北微夜生活。

一入夜市口，會先行經有名的可麗餅店，再過去點的交岔路口，中間擺著一小攤，寫著「雞房重地」，推車上的桶子打著白色日光燈，裏頭擺滿琳琅的食材，看上去很新奇；老闆用愛德華剪刀手之姿，咻咻咻的眨眼功夫，便將半隻雞肉去骨，化整為零，再搭配自選蔬菜，大量的蔥花以及配比好的鹽水、胡椒和香油，最重要的，在當時還是免費贈送的筍片，樣樣皆入袋後，涮涮幾聲搖勻所有的鮮香合一，就像看場迷你秀。

殺雞焉用牛刀？剪刀就行。

我卻得到你，安慰的淘汰

坊間常常能夠聽到「鹽水雞的雞肉都是淘汰掉、品質比較不好的雞去製作的」這樣的訛傳，但偏偏可愛的台灣島國子民會不小心將恐懼放大，使好端端的產業經常無辜受到牽連。

無人知曉的是，鹽水雞是數以千計賣卵又賣命的老母雞，最後華麗的犧牲。

一九六〇年開始，政府下定決心培養專業養雞農戶，提升養雞產業，藉以提高食用雞肉以及雞蛋的生產量。也不知道是政府太有效率，還是台灣子民勤勉上進，蛋雞產蛋率時常供過於求，無論怎麼賣、怎麼美化雞蛋很營養鼓勵人民多多食用，蛋價仍不見起色。爾後，雖逐漸建立起的產銷制度，使蛋價趨於穩定，但仍舊時好時壞、起起伏伏，讓蛋雞農心臟經常承受不住。

雞蛋產量無法妥善控制的狀況跟雞生蛋蛋生雞的問題一樣惱人，相關民間組織秉持柯南精神，終於發現毛病所在：大部分雞農貌似誤用了客家人勤儉的生活態度，管它母雞芳齡多少，竭盡所能地搾乾她們畢生的卵子才顯得划算。於是，無論好蛋壞蛋，通通流入市場，使得供給常常過量，據當時報導指出，最低蛋價一度滑落至每台斤七元，連一粒檳榔都買不起！

民間組織實在無可奈何，於是自發性地開始呼籲蛋雞農減少飼養或適時淘汰老母雞，以達供需平衡。蛋價雖然有起死回生之勢，但沒有政府的宣導，偉哉寶島台灣愛物惜物的子民當然不會百分之百執行，所以蛋價如雲霄飛車般的日子又再度重啟。

在民間組織與雞蛋農這樣相愛相殺過好幾年後，政府突然醍醐灌頂般地醒過來，在一九九五年，農委會才說：「嗯，好像應該要建立蛋雞老母雞淘汰制度」，才開始輔導業者在每年我們亟需營養補充的小祖宗們放寒暑假無人光顧之前，適量淘汰老母雞。雖然最後政府並沒能訂出明確的條文規範業者，但終究還是有與民間團體共同協商對策。而為了解決大批量的老母雞，基於物盡其用的職人精神，坊間開始出現大量的鹽水雞、桶子雞、雞精等等相關產品及食譜。

於是，一輩子為我們犧牲、奉獻的老母雞，牠們只能得到安慰的淘汰。不過，牠們絕對沒想到在華麗轉身後，壯士般捨生取義，反而為夜市銅板鹽水雞奠定了良好的成本基礎。

蛋雞人人有，唯獨台灣通

其實全世界幾乎每個國家都有蛋雞產業，也自然有淘汰的老母雞，但為什麼台灣偏偏就有鹽水雞這樣的「小吃」打出名氣呢？

首先，我們要知道，淘汰蛋雞雖然是全世界皆有的措施，但部分國家大多以安樂死後掩埋的方式處理淘汰雞隻，或將其作為寵物飼料及其他食品加工，甚至更少數基於人道理念的蛋雞場會進行送養的方式。當然，仍有國家食用淘汰蛋雞，像泰國市場會販售著夾帶著卵子的老母雞、法國及部分非洲地區會將老母雞進行燉煮，但這些並非淘汰蛋雞後續處理的主流方式。近日，開始有部分人士提倡淘汰蛋雞零浪費的飲食生活方式，但實施度如何還有待商榷。

再來，我們就得追溯台灣的移民史。

鹽水雞緣起，當然不是從台南鹽水區發跡，鹽水區以前主要產業是很衝突違和的製糖業呢！目前大宗說法，鹽水雞應該是源自粵菜菜系中的鹽焗雞，畢竟台灣多數移民皆從閩粵地區而來。但你會問我，依字面來說，鹽焗是用烘烤乾「焗」，怎麼跟鹽水搭扯上一起呢？傻孩子呀，鹽焗雞中還有一烹調技術叫做「水焗法」，原理跟咱們寶島台灣現有的「白滷」鹽水雞如出一轍，此方法不僅能使皮脆肉嫩，最重要的是能夠更輕鬆地批量生產，這不更適合我們以量制勝的夜市小攤嗎？

最後，我們要從飲食文化的基礎上去建立。

雖然俗人如我首見鹽水雞是在千禧年後，但其實，它並不是什麼創新菜色。在早期的台灣，鹽水雞且皆以登「雞」大典之姿出現在宴客桌菜的檯面，當時的鹽水雞，是為「整雞」的功夫菜形態出現，是得上館子才能吃到的，雖偶有食品行，提供外帶鹽水雞服務，但也都是隻雞販售，無法歸類在賦閒散步小吃類。

其實這也不難臆測。你瞧見隔壁滷味攤生意紅火，不內心難免寂寞嗎？但你又曾幾何時看過滷味攤子上擺著滷製好的乾柴雞胸肉？手頭上有一批很便宜的淘汰老母雞，怎麼辦？把原先整隻販售的鹽水雞支離破碎再「滷味攤化」才可謂上上之策。

於是自二〇〇五年起，以雞房重地為首的夜市小吃流派，以去骨「散雞」的形式，正式將鹽水雞從辦桌大菜的舞台請下，與庶民親近，再結合夜市銅板美食之特色，讓台灣鹽水雞文化開啟新的篇章。

鹽水醃雞胸，嫩到你發瘋

等量比例的鹽水醃雞胸肉這股風潮從西方世界傳入，在這幾年的健身界十分火紅，每個肌肉結實的男子都把這樣的料理技巧當作驚世大發現般吹捧，殊不知，台灣小吃鹽水雞早已領出這樣的深悟。

低卡無負擔的各式配菜，加上爽脆筍片，主角高蛋白鹽水雞胸肉登場，我相信，台灣夜市小吃鹽水雞，很快又能再次掀起一股風潮。

11

都市人溫暖的港灣

百元熱炒店

在阿佐還是楞頭青的大學四年裡，但凡遇到迎新送舊、期中期末考結束、社團活動慶功，狂歡場地往往都選擇以大學為中心方圓五公里內的各家台式熱炒店舉行，甚至連系上的法國外籍教師們，也非常熱愛在台式熱炒店發酒瘋同歡。桌面上的搭餐酒，不是來自法國波爾多的紅酒，也不是來自法國普羅旺斯的粉紅酒，更不是來自法國阿爾薩斯的白酒，而是正港台灣尚青，台灣啤酒。

出社會後，前後待過幾間中小型公司，想來是承接大學時期的舊風，若有要好的同事離職，必須到熱炒店酒場上進行最後廝殺；又或者，連續加班數日，在專案終結的那天，全員熱炒店集合，滿漢全席肆虐幾番，接著酒後賣傻，硬拗主管請客完全是司空見慣的上班族小確幸。

生活的苦啊，在台灣總是能用小小的錢，得到大大的滿足。

台式百元熱炒店，就是這樣親切的存在，比任何政客都還要苦民所苦。

直搗上班族心窩的百元熱炒

經濟的浪潮，總是一波又跌，一波又起，股市也總是讓人歡喜讓人憂。

股市好的時候，人人都懷抱著發財夢，什麼事情都不用幹，一股腦就把錢全砸進股票市場，打算翻倍收成、坐享其成，富豪貴婦們早上炒完股票，下午就去飯店高級自助餐海吃一頓，或是上館子吆喝幾道頂級手路菜，絲毫不手軟，人人都是消費大戶；反之，股市慘烈的時候，雖然高端飲食隨著經濟退場，但食乃天下之大事，平價飲食是塊永不退潮流的大餅，只要顧客流動及消費到達水平以上，搭配著不算太高的技術門檻與投資金額，都不至慘澹收場，因此造成許多業者，將眼光瞄準平價餐飲業。

台式百元熱炒店的誕生背景，便是如此。就像因受到敵人攻擊而躲在桃子裡出逃的桃太郎，雖然誕生在平凡家庭，卻有著不平凡際遇，帶領台灣展開新的餐飲局面。

一九九〇年的台灣股市，在年初雖創下破一萬兩千點的傲人紀錄，但隨之而來的國際戰事爆發，加上島內政治動盪，自三月開春，便跌到兩千多點。二○○○年以後，又因為科技泡沫，造成股市再次下跌。

不過，就像孫燕姿唱的《綠光》所述一般，「股民always不會卻步oh～」他們總是期待著一個幸運和一個奇蹟劃過他們的生命裡，經過無數次的痛定思痛，重新打起精神，想想轉換什麼跑道，好好儲備就緒，等待黑暗世代結束，再好好拚搏一次！

於是，「再出發，恩免驚，咱是勇敢的小當家。」高級館子紛紛倒閉，沒關係，我們能探探平價的館子啊！此後，台北街頭便開始有「一百活海鮮」、「九十九快炒」、「百元熱炒」等等的餐廳字樣在街頭橫行，長安東路更是首當其衝的一級戰區。

但其實百元熱炒與台北合拍，也不單單只是透過金融危機患難見真情如此簡單而已。

一來，台北有著全台最大基隆漁市崁仔頂撐腰，半夜三更手刀殺去基隆採購海鮮，僅僅不到三十分鐘車程，既能夠在第一時間搶下新鮮漁貨，還能夠在食材成本、運送費用上取得先機，這也是為何許多百元熱炒店都主打著「百元活海鮮」的原因。

二來，很多人會將台式百元熱炒與香港大排檔以及日本居酒屋兩者並列為都市人的天堂。沒錯，我們不難發現，這樣的庶民餐酒館常態性地出現在生活節奏緊湊、壓迫感數倍放大的城市，尤其是亞洲。請不要被金城武的外表矇騙，「世界越快，心，越慢。」這句台詞是騙人的，請你看看自己下班後肚子飢餓的速度，就能知道在慣老闆的各種壓榨之下，只有爆肝死亡之後，心才會變慢，而且還是直接停止，超冷靜。

成群結隊下班族，滿腹苦水無處吐，回家得當孩子奴，不如來杯啤酒補。

百元熱炒的風潮四起，儼然成為台灣各大繁忙都市人的避難所，撫慰著人們的心靈。

鑊鑊鑊鑊鑊鑊鑊鑊，每個師傅都是「鑊元甲」

熱炒店之所以能立足台灣飲食界，除背景條件之外，全憑一個詞：鑊氣。

鑊，中華炒鍋，卡通小當家常常出現的那種。高溫及熱油是產生鑊氣很重要的組成因子，調料及食材在遇到極高油溫時有化學變化，產生香氣，又加上鍋體圓底弧形的設計，使香氣得以順利導回鍋內，不斷在食物間循環流竄。

目前主流認為鑊氣是一種名為「梅納反應」的化學作用，簡單來說就是以高溫加熱食物，使碳水化合物及蛋白質在熱力的促使之下，產出焦香甜味，但這並不能完全解釋鑊氣，因為西方烹調中，亦有將牛排表面煎焦香脆進行梅納反應的手法，但顯然無法呈現東方鑊氣的韻味；另有一補充說法，是在料理過程中，同時加入醋和酒，使兩者產生酯化反應，增添菜餚香氣，也確實，絕大多數的「醋溜菜系」使用此技法，永遠都是呈現「菜未到香先到」的迷人，可是沒有同時使用醋與酒的料理又該如何解釋？

鑊氣，對許多中菜快炒廚師來說，是無法單單用上述兩種反應簡而概括的，而是由諸多神祕元素、熟稔技法組合而成，就像氣功一樣。

舉個看似簡單，卻最不簡單的例子：炒青菜。

炒青菜看起來技術含量不高，但要把青菜炒得好，卻比登天還難。阿佐離開台灣求學那年，最懷念的食物就是炒青菜，歐洲人的廚房慣用電磁爐，根本毫無火力可言，想炒出好的青菜根本是癩蛤蟆想吃天鵝肉的妄想。

起鍋倒油點燃大火，但也別把爆香用的大蒜燒焦到難以復活。熱油與蒜香完美前奏，在這個時候加點鹽巴答腔，將主旋律青翠時蔬倒入，讓每一粒鹽晶順著蒜油的滑音穿透每一葉的間隙，無瑕疵地調整鹹味，避免不均勻的鹹度壞了主角的風采。高速拋鍋，仔細觀察葉片表面因受熱而產生的變化，在色澤、軟硬等型態變化至八〇％起鍋最好，如此能夠最大程度保留蔬菜水分，另外二〇％，讓熱氣慢慢傳導，用餘溫加熱，鮮脆嬌嫩的口感，令人大悅。炒青菜，差那麼幾秒，就會瞬間像忘記喝保養品的人類，老了。

過程中，青菜如同聖龍般，在鍋氣雲霧繚繞中穿梭，拋鍋翻騰，香氣沾染一身。炒青菜，既沒有焦香，也沒有醋酒作用，但仍鑊氣十足，可見鑊氣這道功夫還是只能意會不可言傳。此等手法實為中式熱炒精髓，沒有鑊氣的熱炒，只能煩請師傅回去少林寺練個幾年再來報名食神比賽吧！

台灣尚青，洗心革面的台灣啤酒

「有青才敢大聲！」一九九八年，台灣啤酒首度推出第一支廣告，伍佰的這句話肯定深深烙印在每個台灣人的心中。

但成立於一九二〇年日治時期的「高砂啤酒」，到國民政府來台，經過幾番更名過後的「台灣啤酒」，歷史已經相當悠久，怎麼到了一九九八年，才抓住二十世紀青春的尾巴，想起來要做行銷了呢？

行銷，是在眾多競爭者當中，能夠讓自身異軍突起的活命關鍵。但台灣啤酒這廝，除了在成立初期，當時身為殖民政權的日本國有容許內地其他日本啤酒品牌進駐，與正處初萌芽階段的台灣啤酒競爭之外，自國民政府接管之後，限制酒類進口，實施菸酒公賣制度，台灣啤酒幾乎成為活在政府庇護之下長大的孩子，可以說是橫行酒界的黑道老大，根本沒有人能與之抗衡。行銷是什麼？想來只是一筆多餘的開銷，反正台灣人喝台啤就對了。

然而，台灣啤酒稱霸的局面，在政府開啟進口啤酒的大門之後，便物換星移了。一九八六年，歐美啤酒陸續進駐台灣市場，緊接著新加坡、韓國等國家也都紛紛加入戰局，值得注意的是，當時台灣對日本還是貿易逆差，也就是說日本人賺台灣人太多錢了，還妄想用啤酒猛削台灣人，根本沒門！直到一九九五年，日本啤酒才叩關成功，駐紮台灣。

對不起，日本啤酒來晚了，希望還來得及！為了急速爭取台灣人民的認同，日本麒麟啤酒開始邀請本土導演吳念真、侯孝賢操刀系列廣告影片，播出後的效果簡直驚人，業配助銷效果一級棒，讓日本麒麟啤酒瞬間熱賣。時至今日，若嘴裡哼得出《流浪到淡水》這首歌，沒錯，這就是麒麟啤酒廣告洗腦之下的結果。

眼瞧著啤酒戰國時代已然開啟，國外廠商借重的本土意識打得慘烈，台灣啤酒才春夢乍醒般表示：「咦？是在哈囉？我們才是台灣本土的代表吧？」一幡然醒悟之後，眼光瞄準當年紅遍台灣各地的嘉義小哥伍佰，他顯然就是台灣民情的代表，獨特的唱腔與穿著，俗又有力！台客一哥！就決定是你了！

後來，隨著二〇〇二年台灣加入WTO，政府終於開放民營酒廠得以成立，也徹底取消公賣局制度，加速啤酒競爭者的繁殖，導致雖然有忠實顧客撐腰的台灣啤酒，始終留不住愛嘗鮮的年輕顧客。事已至此，台啤決定不再故步自封，不僅開始學會廣告行銷，還積極投入研發新產品，抓住年輕世代的市場，遂推出金牌啤酒、十八天生啤酒，甚至搶攻妹子市場，微醺調味啤酒系列輪番上陣。

果然競爭才是進步的原動力啊。

此時此刻身處二〇二〇年的我們，也許正在反省經濟全球化之下所帶來的產業衝擊，但也正因如此，我們如今坐在熱炒店，能夠徜徉在一片啤酒海，享受著台灣啤酒受到猛烈衝擊之後，改革進步帶來的新滋味，重振精神，那也不為損失。

另外，因為啤酒品牌眾多的關係，熱炒店還演化出「酒促小姐」的特殊台灣文化，但那又是另外的故事了。

驚人！鐵板料理界，真假難辨！

熱炒店的鐵板料理，總歸是承襲了台式牛排的鐵板魂，結合西方流派的青紅甜椒及洋蔥，再搭配特有台式黑胡椒醬，只消抽換主要食材就能百變，自創江山，成為熱炒店經典菜系之一，其中，鐵板牛柳絕對是代表之作。不過鐵板料理界中，最令人匪夷所思的，莫過於從南非遠道而來，與台灣幾乎八竿子打不著關係的主食材——鴕鳥肉。

您知道，您吃的老婆餅沒有老婆、螞蟻上樹沒有螞蟻，連鐵板鴕鳥肉也很有可能沒有鴕鳥嗎？看到這裡，您可能很著急想要拿起手邊電話撥打一九五〇消費者專線，但，別急，讓阿佐把故事好好說完。

這是一段結合愛與投機的故事。

鴕鳥這傢伙，長得有點像營養不良的老人，臉瘦瘦的，頭上有幾根毛，看起來很像禿頭，眼睛又特別大，聽說比腦子還要大，能好好活著也算是奇葩。鴕鳥的四肢異常發達，腳掌雖然只有兩根腳趾，但如恐龍巨獸般的趾力，不僅可以支撐牠碩大的身軀，還發揮了近似於彈簧板的作用，狂奔起來時速可以高達六十五公里，肌力異常驚人，完全可以把宿敵撞飛，或用堅硬的鳥喙將敵方啄傷。有鑑於此，可見坊間說鴕鳥遇到困難就消極地把頭埋起來的「鴕鳥心態」顯然是一種錯誤說法，若以後有人嘲笑自己懦弱、不堅強，像鴕鳥一樣，務必請對方好好端詳此頁，以示反擊。

但是，說也奇怪，鴕鳥本屬南非產物，原先在一片遼闊無際的草原，看似自由自在地奔跑著，實則卻是戰戰兢兢地躲避獅豹狩獵，怎麼忽然之間飄洋過海到台灣來？難道是政治性庇護？傻孩子，當然不是。

這一切都源起於兩件世界性的動物界災難——「狂牛病」及「口蹄疫」。

一九九六年，英國狂牛病再起，導致牛肉市場瞬間潰堤，在迫於無奈之下，想出了以進口同為紅肉的南非鴕鳥肉作為替代方案，眼見成效不錯，數度出現「鴕鳥熱」的飼養風潮，並搧風點火地影響著其他國家，據聞向來崇尚洋食的日本東京街頭，亦出現好幾家鴕鳥專賣店。不過此時的台灣，對於鴕鳥仍採「保育類野生動物」規範，除了少數從非洲進口的鴕鳥肉之外，在民間甚少有鴕鳥料理的出現，因此台灣人民與鴕鳥尚處只相知卻不相熟的階段。

無奈，風水輪流轉，總是對人民喊著國內食用肉多麼安全的台灣，竟然發生一場讓我們日夜搥胸頓足的悲劇——口蹄疫。原以為四面環海的寶島可以倖免於這場已在亞洲鬧得翻天覆地的豬瘟災難，但我們始終沒能守住最後一道防線。一九九七年三月，新竹竹北成為第一道口蹄疫的破口，接著各地陸續傳出疫情，人人聞豬色變。

在國外牛瘟、國內豬瘟的雙重夾擊之下，肉價持續走跌，畜產界無不希望找到開脫之法。窮則變，變則通，馬上就有業者想效仿國外，將腦筋動到低脂肪、低膽固醇、高蛋白的「偽牛肉」鴕鳥身上，想海撈一筆，政府也終在民情壓力的驅使之下，點頭答應開放民間進口鴕鳥飼養，使得蛋、肉、皮、毛，身體到處都可以獲利的鴕鳥成為業界新寵。

二〇〇一年，已經沒有把心思放在製糖上卻擁有南台灣大片大片土地的台糖公司，宣布肉牛養殖計畫失敗，決定改養殖前景看好的鴕鳥，瞬間成為鴕鳥養殖大戶。有土斯有財，台糖可謂最佳典範，擁有遼闊的土地，有錢就是任性，說變就變。但卻也多虧如此，鴕鳥養殖數量持續增加，台灣人與非洲鴕鳥的傳奇冒險故事，就此展開，民間開始有多種鴕鳥料理誕生，甚至出現鴕鳥肉專賣店等，滿足饕客宿願。

但好景不長，鴕鳥養殖成為台灣現下的夕陽凋零產業已是公認，原因繁多，例如產業鏈的不完整、飼養技術的不成熟、屠宰制度的不健全等等，使得鴕鳥肉的成本居高不下，甚至出現入不敷出的慘況。漸漸地，開始有業者出逃，最後，任性的台糖公司，再度宣告鴕鳥飼養計畫結束，致使台灣鴕鳥肉產能銳減。

可是，台灣人與鴕鳥肉愛的種子已然種下，斷糧可就糟了。

然，大千世界，取巧技術應有盡有。有鑑於鴕鳥上市初期，人設幾乎是向高檔牛排看齊，因此絕大部分的老百姓都只知其名而不識其肉，後來有部分業者發現進口的袋鼠肉，或是成堆成山的本土火雞肉便宜得很，反正通通做成調理包也沒人認得出來，口感還遠比正港鴕鳥肉嬌嫩，因此市面上開始流竄大量「假鴕鳥肉」。

我們在百元熱炒店能夠點到的鐵板鴕鳥肉，很可能就是如此之流。但當然，堅信人心本誠，況且也不能一竿子打翻一船人，願意犧牲些微利潤的熱炒店老闆，我想或多或少還是存在在這個世界上。

以上故事並非否定鐵板鴕鳥肉的真偽存在，反倒是，真真實實地反應出這道菜曾經在台灣人心中占有舉足輕重之地，否則，若供需市場一片淡漠，造成無利可圖的話，是斷然不可能出現大量冒牌貨的。

故事的後來，也就沒有後來，全台灣的鴕鳥飼養場也所剩無幾，但上了年紀的中年族群依舊處變不驚地在熱炒店點著不知真偽的鐵板鴕鳥肉，看著在南台灣屏東，有個一百五十萬訂閱的幹話 YouTuber 團隊「狠愛演」，拍攝各種鴕鳥料理系列，接著就有群顯然尚未經社會摧殘的幼齡觀眾都在底下留言表示：哇！鴕鳥肉好潮！

唉，產業的心血，時代的眼淚。

綜觀台式百元熱炒的興起，可說是挾層層「生活習慣＋生活怨氣」而來，為了輕輕鬆鬆就能上館子、簡簡單單就能小酌、愜愜意意就能與朋友喇賽講幹話，所以下班聚會便相約百元熱炒店，一人掏出幾張紅色百鈔，便能排解生活中所有苦悶，再繼續歡度多少個歲月年華。

這已經是日常，日常無須矯作。正好，在熱炒店，確實無須矯作。

不過，因為物價高漲的關係，現在百元熱炒店的菜單上，百元料理已經是瀕臨絕種般的存在，店家秉持著兩百也是百，三百也是百的精神，持續努力經營下去，我們也就睜一隻眼閉一隻眼地接受吧！並且衷心期待下一次經濟崩壞時，台灣人能再創百元平民料理！（誤）

金牌
台灣啤酒
Gold Medal
TAIWAN
BEER
BEE

12

釣蝦場的紅牌明星

泰國蝦

即便很蝦，但還是要講一遍

蝦子種類那麼多，為什麼我們沒有草蝦專賣店、斑節蝦專賣店？到底泰國蝦是怎麼異軍突起，進而成為一間餐廳的當家花旦？那麼我們就要談談台灣養蝦簡史了。

在很久很久以前，台灣先民當然也有吃蝦這門本事，但蝦獲的來源大多都是捕撈的方式取得。到了日本統治的期間，雖然有零星的水產養殖試驗在臺灣進行，但卻一直都未能確立完善的系統化養殖。直到一九五〇年代中後期，國民政府首先在台南四草建立起養殖魚塭示範區，台灣的養殖漁業才如閉鎖型粉刺終於被擠出頭般，有那麼一丁點的進展。

起先的水產養殖在魚類以虱目魚、吳郭魚為主，蝦類則是斑節蝦、草蝦居首，其中草蝦又以能與虱目魚混養，進而受到養殖業者的青睞。我們都知道，種菜要菜苗、種花要花苗，所以養蝦當然也要蝦苗。憨直的前輩們原先都是在茫茫大海中捕撈蝦苗再運到場內養殖，不過此法方不管橫看豎看都跟沒效率三個字沾上邊兒，所以如何有效率的培育蝦苗成為了水產養殖重要的課題。

一九六七年，在台灣省水產試驗所台南分所裡，連俊國與丁雲源先生成功完成第一批人工蝦苗培育，雖以斑節蝦為主，但還是某種程度為台灣打下蝦苗培育技術的基礎。隨後，人稱「草蝦養殖之父」的廖一久博士從日本學成歸國，將蝦苗培育技術加以改良，在一九六八年率先完成孵育率極為良好的草蝦苗，大幅提升蝦苗的數量以及降低蝦苗的成本，始得打開台灣邁向「草蝦王國」的大門。

養殖漁業看上去就是個績優股，政府當然亟欲想提升該產業創造更大收益，於是接受慈善團體「洛氏基金會」的補助款，總共一百四十萬台幣，在屏東東港設立了「養蝦中心」，將養蝦重鎮轉移到國境之南。

等等，這篇不是在講泰國蝦嗎？花那麼多的篇幅講無用的蝦歷史幹啥？別急，待阿佐娓娓道來。

蝦の故鄉，屏東東港

如上所述，台灣接受洛氏基金會的計畫金，在屏東東港建立水產試驗所東港分所，時稱「養蝦中心」，顧名思義就是不管海水蝦、淡水蝦，幾乎都是在這實驗單位孵育而生的，泰國蝦當然也不例外。

一九七一年，我國水產專家林紹文博士從泰國寄出「淡水長臂大蝦」的蝦苗到東港養蝦中心進行蝦苗培育，雖然過程中有些許失敗，但偉哉東港分所在隔年便成功培育淡水長臂大蝦的蝦苗以供養殖者飼養。

於是，淡水長臂大蝦，也就是我們現在所稱的泰國蝦，全台少數能夠在淡水環境下存活並稍微具有經濟價值的蝦種，就如此在屏東開始落地生根，展開牠爭霸蝦界料理之路。

釣蝦場中求生存

對於釣蝦場，阿佐只有一個印象：小時候我爸經常帶我去釣蝦，我都意興闌珊地走在池邊，然後每次拖鞋都會掉下去，感覺老闆很討厭我。漸漸長大，釣蝦場也就沒有那麼興盛了。

但為什麼我們畫面突變，要講到釣蝦場呢？這就要談談泰國蝦令人心酸的蝦生了。

泰國蝦形體大概是眾蝦中最好識別的：頭大大、腳長長。但是你以為大頭大頭真的下雨不愁嗎？不是這樣的！阿佐本身也是個大頭，小學時期明明身高不算高，就因為頭太大，每次老師安排座位都還是把我排在最後一個！泰國蝦亦是如此，頭太大腳太長，加上牠的殼又特別堅硬，怎麼煮都不對勁，導致主婦們各個敬而遠之，造成泰國蝦乏人問津的窘境。

那怎麼辦呢？賣不掉，但是他們又會長大，可是泰國蝦苗成本高又不忍隨意撲殺，哎呀，乾脆讓民眾來釣好了啦，反正先前也有魚塭也讓民眾釣魚，加上早年流行釣牛蛙後因牛蛙染病，導致多數釣蛙池荒廢，拿來釣蝦似乎恰恰好。

於是泰國蝦就勇敢地化悲憤為力量，在市場排擠中夾縫求生，先充其量在釣蝦場跑跑龍套。

草蝦王國的殞落

所謂君子報仇十年不晚，果真十來年的時間，一直憋屈在釣蝦池中的泰國蝦終於等到鹹蝦翻身的機會了！

眼瞧著草蝦如日中天，不僅高出口量為台灣賺取不少外匯，也讓台灣獲得草蝦王國的美名，按理說應該稱霸台灣，成為台灣蝦料理的霸主，但怎麼就是君不見草蝦料理專賣店呢？

原來是在關鍵的一九八八草蝦掰掰的年份。

其實草蝦產業興盛以來，就時不時傳出有負面消息企圖擊垮草蝦王國，例如：水池優養化、超抽地下水導致地層下陷、銷日冷凍草蝦驗出霍亂弧菌病毒等等，但那些危機始終沒能撼動草蝦王國江山。但一九八七年開始，陸續傳出草蝦養殖場有大量蝦隻離奇死亡的案件，而且原因未可得知。有關單位花費大量功夫，終於在一九八八年確認是一種名為「草蝦桿狀病毒」的病變侵擾草蝦環境，可惜無奈，雖查明出原因，卻因為無法即時預防治療，以致草蝦量產驟降，出口量亦銳減，鄰近諸國，例如印尼、泰國、中國，急起直追。

草蝦王國的瞬時瓦解，造成海水蝦產業的結構風雲變色。

這雖然是一個令人痛心疾首的歷史事實，但也讓民眾消費目光漸漸從海水蝦移向被遺忘許久的淡水蝦。

活蝦之家，照顧你全家

爾後，雖然淡水派的泰國蝦始終沒能成為市場大宗，但由於海水派蝦群頓時的挫敗，加上釣蝦場的催化，民眾與泰國蝦的距離就這樣一點一滴地拉近。

即便泰國蝦還是未能受到家庭主婦青睞躍上日常餐桌，但別怕，專業的釣蝦場以及蝦料理店早已摩拳擦掌，準備好好料理一番。

胡椒蝦、麻油蝦、燒酒蝦，這些熟悉的蝦料理最早是誰發明早已不可考，但源起來自蝦的故鄉屏東幾乎沒有異議。

在釣蝦場林立的南台灣，總是有那麼一群吃貨無所不用其極地讓泰國蝦吃法變得更多元，不再只是單調的鹽焗而已。正所謂民以食為天，我大中華子民在等待蝦子上鉤以及電動遊戲打到煩膩之際，怎能不嘗點好蝦？因此蝦料理在釣蝦場便如毛細現象般傳開。

據傳，原先在台南經營釣蝦場的賴秋基先生，在屏東農專某位恩師的指導之下，習得烹調泰國蝦的技法，便開始在釣蝦場內幫客人料理鮮蝦，孰不知客人大讚其手藝並且鼓勵賴先生開設泰國蝦專賣店，因此全台第一家料理泰國蝦的活蝦之家「全海岸」就這樣誕生了。此後，各種「XX海岸」為名的活蝦之家如雨後春筍般，皆以相仿的竹林古樸風格裝潢出現在台灣各個角落，甚至爭奪誰是始組。

不過誰是始祖並不是本節要討論的重點，沒有前面那些長篇大論的養殖蝦歷史及釣魚場的推波助瀾，泰國蝦料理恐怕就這樣遺失在歷史洪荒之中。

胡椒泰國蝦vs麻辣小龍蝦

當年麻辣小龍蝦在對岸迅速竄紅的時候，我不禁心想：台灣的泰國蝦專賣其實一點也不差，為何沒能像麻辣小龍蝦般火紅呢？我們只用了一個蝦種，便能變換出胡椒、蒜味、檸檬、麻油等等十來種好滋味，而且各有千秋還不失泰國蝦濃郁的風味，肉質爽脆，若再配瓶台灣啤酒，正統台灣味，根本可以搬上國宴的檯面，而且還一窺台灣整個養殖脈絡以及炫耀偉哉寶島的養殖潛力，何樂而不為？

另外，自二〇一九年開始火紅的新秀「流水泰國蝦」，那就別提了吧，這完全源起於曼谷，只是有台灣業者如法炮製引進台灣而已，跟正統台灣味十足的活蝦之家料理畫不上等號呢！我們的風味可多著！

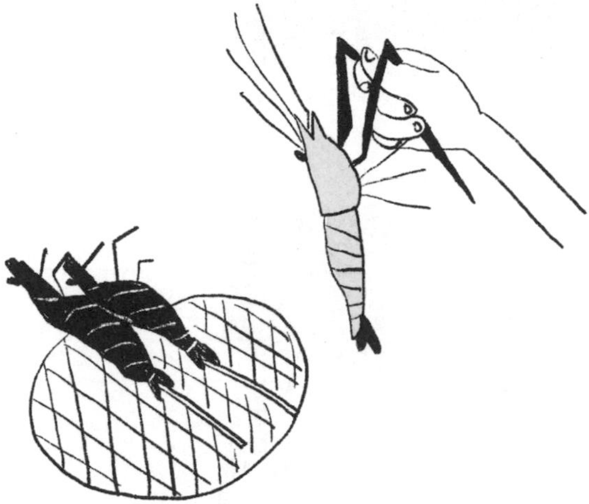

13

療癒系朋友代表

鹽酥雞

二〇一五那年，阿佐大學四年級，正值所謂畢業即失業的職前恐慌。我依稀記得，當時每天處在對於未來何去何從的恐慌之中，只有夜晚最能夠安撫我的心靈。

晚上九點半，約莫是晚餐過後的三個鐘頭，也該是再次感到飢餓的時候。我總是拿著新台幣一百五十元，出門之後向左轉，不遠之處便有三家鹽酥雞攤，這是生活在大學城的好處，我們擁有數不盡並且令自身廢弛的小確幸環繞。無骨鹽酥雞是我一定會點的，大約五十元，剩下的一百元，有時候我會多點一份甘梅薯條，或者是炸皮蛋、炸湯圓、魷魚、豆干等等，然後跑到隔壁的便利商店，拿一罐正在特價的啤酒。回宿舍之後，窩在電視前面，看著那時還沒停播的《康熙來了》，咯咯地笑，在那一個小時之中，有鹽酥雞和啤酒、小S與蔡康永共同療癒我。

後來的後來，現實總是會來，比較幸運的是，我擁有相對穩定的工作，但是夜晚卻不再從容，加班經常超過十點。

長大之後很多小確幸都消失了，幸好鹽酥雞跟啤酒沒有。我偶爾還是會在下班的路程中帶點鹽酥雞回家，只是時間往後推遲了兩個小時，並且購買的金額越來越大，啤酒也從一瓶到一手，正與生活的無奈成正比。

感性談完，就跟現實一樣，我們始終得恢復理性，談點正事。

關於鹽酥雞的起源，完全各方拉鋸、各持己見，不過主流說法，是源自一九六〇年代才遠渡而來的美式炸雞，爾後有些懶惰之人因為覺得啃雞塊太麻煩，常常搞得手指油膩，遂有台南一葉氏夫妻將其改良小塊形式，讓吃炸雞變成一件很「幼秀」（秀氣）的事情，搭配胡椒鹽，吃起來酥香酥香所以叫鹽酥雞。

府城真的是眾多美食的發源地。

但老實說有些美好的事物其實我們無須探究根源，就像炸雞一樣，中國、日本、美國都有，你說到底是誰影響台灣鹽酥雞的呢？要說炸雞，肯定日治時期就有，你看看唐揚雞就是很好的例子，只是那個時候食用油並不平價，要吃到炸雞這樣高級的料理必定是達官顯貴。

所以對於鹽酥雞的探討，阿佐只打算跟大家聊聊台灣鹽酥雞的過人之處。

如果沒有沙拉油，就沒有今日的鹽酥雞

倘若你洞察力夠高，必然會發現上一段提到「食用油」這件看似普通但其實又不普通的事件。

我們的祖先早就超前部屬了一切料理手法，包括以油烹飪。所以油炸這項技法，其實行之有年，而鹽酥雞這樣的料理照理來說也應該早早應市，但很遺憾，事情並沒有這麼簡單。

台灣早年的油脂攝取來源大多為豬油、花生油及芝麻油，其實這並不難理解，農村社會各家各戶都會豢養著幾頭豬隻以供家庭食用，自然能夠自行提煉豬油，甚至直到今日，我家阿婆仍舊會使喚我購買上幾斤的豬板油回家煉油，因為她總說沙拉油不香，做菜不好吃；而花生與芝麻兩個穀物兄弟，在台灣落地生根那也早已是很久遠的故事，都能成開台遺老了，因此台灣用此二煉油也

是合情合理又合適的良緣。當然，後來因為農業人力成本的提升，導致進口花生與芝麻的數量大幅提升，我們日常生活中能夠購買到的百分之百台灣花生油或芝麻油已經少矣，但那又是另外的故事了。

你到現在應該還是滿腦問號，既然看似自盤古開天以來就有油脂存在，而台灣人也似乎懂得運用其烹調特性，早已有油炸食物的出現，那為什麼鹽酥雞的出現卻是在近代的事呢？

原因在於，油貴。

首先我們要先釐清，鹽酥雞究竟得耗多少油？一般鹽酥雞店常備型的油炸機大概是四十公升的容量，也就是必須得注滿四十公升的油方得運作；有些店家會使用小一點的機型，約莫十五到十八公升左右，即便我們退一萬步來說，用大鑊鍋油炸，那怎麼也得耗費五到八公升左右的油量。當然，家庭式的半煎炸耗油量少，花不了那麼多食用油成本，但我們眼前討論的是鹽酥雞產業，您就先別跟我打趣了。

接著我們必須精明地計算一下食用油的成本。根據資料指出，一九六〇年代後期，花生油價大概約每公升三十元，對比二〇二〇年現今的桶裝炸油價，雖然每公升也是三十元，看上去根本沒差，可是一旦攤開物價指數，任督二脈馬上開通，依照當時基本薪資是每月六百元的情況之下，花生油可是相當昂貴，若想日日購買油炸食物療癒自身，除非含金湯匙出生，否則絕非平民老百姓可以負擔得起的。

按此邏輯推演，想用花生油開創鹽酥雞小攤海撈一筆，那絕對是比湯姆克魯斯接到的任務還要不可能。隨隨便便換個油，就把大多數人幾個月工資都攤上去，這種生意你做嗎？又不是犯傻。

不過幸好，科技是在進步的。

一九六六年，台灣政府首度開放黃豆進口，相較於先期仰賴美援時期的黃豆總量，直接越級翻倍，於是各大煉油廠開始磨刀霍霍向豬羊，準備好好大肆屠宰這批海外落難分子，其中又以總源油業的陳友書老闆為首，於一九六八年大幅採用六〇年代初才被引進的「溶劑提油技術」，大幅提升黃豆煉油的效率，使得產量得以大增、成本得以下降，隨之而來，許多煉油廠也紛紛加入此高效製油的產業列車。

那麼溶劑提油技術又是什麼呢？油脂的製造，簡單來說分為二：壓榨與萃取。壓榨顧名思義，就是將欲提油之原料加工過後，以傳統重壓的冷壓或是螺旋直攪的熱壓方式製油，例如橄欖、花生、芝麻，常用此法；萃取法則是將原物料破碎加熱後，添加有機溶劑，進行高效的提煉，再利用油脂與溶劑的沸點差進行加熱，除去溶劑、提取油脂，此法可以將原物料內儲油脂更大程度萃取出來，效率因此提升。前些日子，還有人，造謠溶劑提油的油脂必須經過多重製程才能將溶劑減少，將其形容為萬惡致癌的化學假油，此行為製造社會恐慌實在惡劣！因為不論上述任何一項致油過程，就算是傳統重壓，也都必須經過後續的脫臭、脫酸、脫色等等的精鍊過程，溶劑提油絕非惡人口中所說的化學假油如此不堪。

好了，無聊的化學課上完了，同學們該醒了。

故事的最後，王子公主通常都會過著幸福快樂的日子。無疑地，沙拉油這位王子，妻妾成群，與各種食材一拍即合，產生出諸多愛的結晶，許多平價的油炸食品就此誕生，例如排骨酥、甜甜圈、地瓜球等等，其中鹽酥雞更是眾多子孫中最討人喜愛，也最有經商頭腦的一位，因為它成功將其他食材拉攏結盟，創造出只屬於鹽酥雞的盛世帝國。

鹽酥雞的名物不再是鹽酥雞

某天，鹽酥雞不再只是鹽酥雞。

「欸，晚餐吃鹽酥雞？」男孩問。

「好阿，我要雞蛋豆腐、魷魚、三角骨、炸皮蛋，小辣要蒜，你去買。」女孩說。

「那鹽酥雞不要？」男孩問。

「蛤？今天不想吃鹽酥雞。喔！還要甜點炸湯圓。」女孩說。

曾幾何時，鹽酥雞跟愛情一樣複雜。男友是男友，但有時候不只是男友，是一位「工具人」；鹽酥雞是鹽酥雞，但有時候不只是鹽酥雞，是一種晚餐選擇。

位在大直的「台灣鹽酥雞」究竟是不是全台灣第一家鹽酥雞沒有人說得準，但絕對是全台灣能供油炸品項最多的的鹽酥雞專賣店。店裡充斥著各種我們常見的甜不辣、米血糕、豆干等等，也有我們不常見的美國牛肋條、阿根廷章魚腳、螃蟹，甚至還有月亮蝦餅。

鹽酥雞早已經只是塊招牌，風情萬種的食材吧讓人看得眼花撩亂，完全將鹽酥雞推到世界高峰。我們早已經習慣如此繽紛的鹽酥雞選擇，即便店家再怎麼號稱自己是鹽酥雞專賣店，也總得搭上起碼十種以上的副食材。這些小兵小卒就這樣膽大妄為地踩著鹽酥雞這個巨人的肩膀，跟著逆風高飛，甚至還替自己打下一片江山，例如原是廢料的三角骨、本來只能跟豆腐尬在一起的皮蛋、只會出現在喜宴的炸湯圓等等，都是出人意表的金鐘綠葉，甚至搶了鹽酥雞這個主角的光環。

台灣人是樹薯粉的腦殘粉

鹽酥雞這個傢伙到底是美國人帶進來的美式炸雞，後來經過改編，或是從中國傳到日本，再從日本傳到台灣的唐揚雞改良的，一點都不重要。最重要的是，我們台灣人真的是樹薯粉*的腦殘粉！

無論是美式炸雞或是唐揚雞，都是醬料醃漬過後，再裹上一層乾粉油炸，藉此製造出金黃酥脆的幸福口感。但值得留意的是，原始食譜中，美式炸雞所使用的乾粉為西方慣用麵粉，而日本唐揚雞使用的是麵粉加太白粉的混合粉，加上太白粉的乾粉更能營造出輕盈爽脆的層次，後來有些美式炸雞也將純麵粉改為麵粉加玉米粉的用意也在於此。

綜觀上述兩者，顯然炸雞裹乾粉是為追求口感，我們台灣人自然也跟上腳步。但是買粉就是要聽老大的，說到台灣澱粉界大老，那絕對是我們萬用的驕

*註：坊間仍多稱地瓜粉或番薯粉（sweet potato powder），不過如今純正地瓜粉少矣，多用進口木薯粉或稱樹薯粉（tapioca powder）替代。

傲：樹薯粉！沒錯，就是人家有傘我有大頭的概念，樹薯粉在台灣的運用早已相當廣泛，價格亦便宜，油炸出來的酥脆效果完全不輸給麵粉或是太白粉，加上顆粒粗質，使得麵衣只需要裹一次乾粉，就可以在油炸後起粗糙表皮，方便讓胡椒粉附著於上，比起美式炸雞為製造鱗片脆皮所衍生多次覆壓乾粉的龐大工程，這顯然節約很多時間。當然，若有心用純的地瓜粉也行，風味更添一股濃郁的草根性。

變通，是台灣人在各種文化衝擊中，得以生存並且不斷創新的偉大智慧。於是裹上乾的樹薯粉、地瓜粉，成為台式鹽酥雞的經典，粗糙粒狀的表面更是特色，否則為何繼光香香雞流派的粉漿炸雞不稱自己為鹽酥雞呢？

魔術般的調味料：鹽酥雞粉

常言道，鹽酥雞鹽酥雞，光有乾粉裹上的酥脆炸雞還不算正港的鹽酥雞，以字面上的意思理解，「鹽」肯定也是主角。但鹽酥雞上頭的粉，真的只是胡椒鹽那麼簡單嗎？當然不是，否則我們跟美式炸雞怎麼區別？傻孩子。

我不曉得大家有沒有發現一個驚人的事實，你去中藥店買的白胡椒粉總是比坊間市售的白胡椒粉好吃許多？我曾經向常常光顧的中藥店老闆討教，到底他的胡椒粉裏頭還摻了什麼祕密，讓我從此接受不了外面的胡椒粉，但只見他樂呵呵地笑說，除了胡椒原料的品質很好之外，還因為胡椒粉放在眾多中藥材中，吸收大量其他中藥材地香味，所以特別香。

他這句不經意的輕描淡寫讓全世界的人都驚呆了，起碼我本人是驚呆了。

確實是如此，胡椒磨粉過後，細粉容易沾染上其他雜貨的氣味，這也說明為什麼粉類不耐儲放，甚至放久味道會變質。不過顯然，這樣的事實證明，胡椒與中藥材蹭出的新滋味，就像歐洲人發現香料那般，很令人欣喜。

於是，我們延續著大中華種族善用中藥材的智慧，創造出屬於台灣獨一無二的「鹽酥雞粉」。通體來說，製作鹽酥雞粉脫離不了胡椒、鹽巴、甘草、八角、桂皮、丁香等等常見藥材，當然也有許多店家標榜「獨門祕方」，但無論怎麼說，大家都是承認鹽酥雞的粉從來就不只是單純的胡椒與鹽如此單純的成分，畢竟善用中藥提香提味本來就是台灣料理常見慣用的手法之一，鹽酥雞當然深受其惠。

九層塔，九層塔，九層塔！

大家都說很重要的事情必須說三次，於是小標就這樣下了。

九層塔對台灣菜來說有舉足輕重的地位，我們喜歡用它的香氣輔助很多料理，例如經典台菜三杯雞、海產店的炒蛤蠣或蟹腳，甚至它可以單與雞蛋共創美好的九層塔蛋，最重要的是，台灣人對它的接受度很高，不像香菜這個經常引戰的騷動分子，九層塔相形之下溫良恭儉讓許多。

於是乎，鹽酥雞也就相中它擔任軍機大臣，共執霸業。

在鹽酥雞即將起鍋的前十秒，將九層塔一同下油鍋炸，瞬時劈哩啪啦作響，氣味也在剎那間竄奪而出，香溢滿室。油炸九層塔的秒數可是有學問的，炸得太久，香氣揮發殆盡，就沒有意義；炸得過短，沒多久九層塔便會被台灣潮濕的空氣入侵，濕軟虛弱，所以起鍋前十秒剛剛好，不偏不倚地將九層塔最完美的姿態呈現出來，薄脆芬芳。

千萬不可以傻傻用蘿勒替代，還是有許多廚師會告訴大家蘿勒等於九層塔，這是錯誤的觀念！蘿勒體型比較圓潤，香氣偏甜淡雅，壓根兒不存在跟九層塔被搞混的理由，反觀九層塔，草根香氣強烈多了。其中在台灣的九層塔普遍分為「青骨九層塔」和「紅骨九層塔」，紅骨的葉子雖然比青骨的小片，但氣味性質相對濃郁，因此在油炸爆香的料理手法上就比較合適。不過現在這個工商年頭，沒幾個人曉得青骨紅骨的差異，所以店家也沒有在意，略為可惜。

但鹽酥雞沒有九層塔，簡單來說，就是有國沒有家。

14

令人「難瘦」的抹醬

台式沙拉醬

此沙拉非彼沙拉

還記得多年前聽到件趣聞：有位已婚輕熟女想在炎炎夏日吃點綠意盎然的沙拉來苗條塑纖身材，於是託付老公在回家的路程中順道採買「沙拉跟優酪乳」，這名老公十分乖巧完成任務，不料帶回家的組合「沙拉跟優酪乳」卻讓老婆差點吐血身亡。為什麼呢？問題就出在老公買的是桂冠沙拉，讓減肥計畫總是失敗的那種桂冠沙拉。

當然，沙拉醬乃台灣之大事，議論起來非同小可，來自四面八方的約定俗成，加上牽涉外來語的介入，讓「沙拉」一詞顯得雜亂無章，馬上引起各路鄉民們的探討，紛紛舉例探討該如何描述此等台灣國民醬料。

黑道分派系，醬料也分派系。這般肌如凝脂的抹醬，讓台灣人像搶親般地爭先恐後，論述著正確稱謂該為何者才對，有些人說應該叫美乃滋，又有些人說本來就叫沙拉醬，還有人跳出來說這叫白醋。

唉，清官難斷家務事，但此事也不是全然沒有頭緒，號稱俗名殺手的衛福部食藥屬已經幫大家解決這個惱人的問題，根據現行法規的規定，只有純蛋黃製成的醬，才能稱為「美乃滋」，若用全蛋，甚至是光用澱粉調和的無蛋醬料，都只能叫沙拉醬，欽此，不得有違。

大家散了吧，別爭了，「台式沙拉醬」即刻定調。

美乃滋派你們也別太傷心了，其實從日治時期傳進台灣的第一份刊登在日日新報上的美乃滋食譜，早已清楚標示需用「卵の黃」，也就是蛋黃作為乳化劑，畢竟這分食譜是從法國洋人那學來的，還是遵其原意為好；至於白醋派的嘉義鄉親，你們莫急莫荒莫害怕，白醋廠商早已有先見之明，都會在沙拉醬底下括弧（白醋），以表對嘉義的忠貞，至於民間怎麼稱呼，食藥署並非設立在海邊，可管不著。

沙拉醬的石榴裙

台式沙拉醬的角色形象，有別於國外的美乃滋，用三個字完全可以一言以蔽之：傻白甜。沒錯，製作台式美乃滋的過程，大把白糖攪和，標標準準的傻白甜，又白又甜，還總是讓食材犯傻，義無反顧鑽進沙拉醬的懷中。

綠竹筍就是拜倒在傻白甜沙拉醬石榴裙下的芸芸眾生之一。涼筍，台灣經典涼菜，每逢初夏之際，筍子開始盛產，小至街坊麵攤，大至高級飯館，到處都可以嘗到仲夏鮮脆。

涼筍的筍材大多選用綠竹筍，上質量的綠竹筍深寬體胖，短矮腰彎，雖說是綠竹筍，但挑筍的時候可千萬別綠著挑，反倒是顏色越金黃越好。做人要出人頭地，做筍就不必了，綠竹筍在土壤底下生長，充分吸收土壤精華，像貴婦的肌膚浸泡在火山泥般細緻嬌嫩，可是一旦出了地表，受到太陽光的照射，便會出青頭，反苦，這也是為什麼筍農都要在清晨採摘筍子的原因，也是為何攤販總是反覆叮囑筍子要盡早烹調的緣故。

不過，金黃牛角般的綠竹筍要價總是動輒百元一斤，實在令人不消，若財力較為吃緊，也並非沒有除去筍子苦澀味的方法。起鍋冷水，將整理過的筍子與白米、辣椒入鍋燉煮，亦可使苦味消失大半。或者，其實現在坊間有許多其它筍類能與綠竹筍抗衡，例如近些年暴紅的甜龍筍，爽脆清甜，不失為一個可行的替代方案。

但沙拉醬的石榴裙下何止綠竹筍這廝。

海產攤上，即便在琳瑯滿目的各式豔麗魚鮮中，依舊很難忽略魚蛋的存在。它就躺在那，靜靜地看著你裝逼，花著海量的銀子點珍鮮，但最終還是會不爭氣的和老闆說：再來份魚蛋沙拉！魚蛋逐漸露出勝利者的微笑，因為它知道，它跟沙拉醬的絕妙組合，向來無人能抵擋，並不是相對便宜的售價，而是鮮味與酸甜的撞擊，實在令人著迷。

龍鬚菜肯定沒在客氣，它甚至出了大絕，拉攏花生粉一同入列。早在成為佛手瓜之前，幼苗龍鬚菜早已蠢蠢欲動地想要篡位，畢竟以法式料理的美學角度而言，龍鬚菜的婀娜姿態，隨意擺盤都能呈現空氣美感，再加上台灣特有沙拉醬，與台灣國寶花生粉，我們很難否定涼拌龍鬚菜生而為台灣菜的驕傲。

台式沙拉醬的魅力，早已所向披靡，如同商界大佬，任何食材與它沾上邊，皆暢銷熱賣。石榴裙下的眾生啊！儘管臣服吧！

台灣版海賊王：沙拉船的 one piece 傳奇

「想要我的財寶嗎？想要的話可以全部給你，去找吧！我把所有財寶都放在那裡」這是日本動漫海賊王經典台詞，劇中因為海賊王羅傑的這句話，讓世界海上掀起無數次的波瀾，各種光怪陸離的海盜船駛向偉大航道。

私想著，若台灣也有船隻代表出航，那艘船該是生做什麼樣子為好呢？台式沙拉船，顯然是最完美的船隻結構，船身是油炸台式甜麵包，船上滿載各種火腿、玉米、鮪魚、滷蛋、小黃瓜、番茄，配上厚重台式沙拉醬，啊嘶，那股滋味，想必待在船上的船員肯定不會餓死，反倒營養均衡，精氣神十足。

沙拉船，看上去的描述，跟基隆廟口夜市鼎鼎有名的「營養三明治」完全相符，沒錯，沙拉船確實等同於營養三明治，只是各地方稱呼不同罷了，後來基隆廟口的營養三明治名聲漸漸大起，這才讓人遺忘沙拉船的封號。

不過我比較喜歡沙拉船這個名字，音型合一，還恰好反應時代背景。正所謂生逢其時，沙拉船簡直乘天下之大勢而來。

自打美援麵粉進駐台灣，美國這位老大哥漸漸發現苗頭不對，怎麼千里迢迢載來的麵粉都乏人問津，只有隨著國民政府來台灣的外省人偏愛，其他那些早已落地生根、以米食為尊的廣大本省人，幾乎不怎麼食用，以致麵粉銷量不佳，著實令人困擾。反覆思來想去，小麥做的產品，口感彈牙、麥香醇厚，沒道理會有人不接受麵食，肯定是本省人不懂得如何做麵食，既然不懂，那只好親自下海傳授麵食的美好。因此一九六二年，美援會夥同農復會與麵粉公會籌辦了「台灣區麵麥食品推廣委員會」，以歌頌傳達製作麵食的千年智慧。

這個委員會推廣的麵食包羅萬象，從中式的麵條、餃子、刀削麵，到西式的麵包、吐司通通包辦，全面性改造本省人不諳麵食的習慣，其中，最有趣的莫過於當時還被稱作「多福餅」的甜甜圈。一九六四年，美國小麥協會特地從美國遠洋運來一台「油炸多福餅機」供台灣人參覽，展現大美國主義機械化的成果，並在現場製作熱騰騰的現炸多福餅吸引人潮排隊搶食。不出所料，台灣人饕客本性馬上流露，整個展覽會場上就屬該攤位最為吸睛熱絡，其後，麵食推廣委員會還特意於一九六七年設立「烘焙技術訓練班」，藉此培養更多優秀專業的烘焙人才，其中有堂課程專門教培訓人員做多福餅，從此也就埋下台灣人熱愛炸甜麵包的種子。

綜觀其配方與味道，簡直與沙拉船麵包體一脈相傳。不過，油炸食物，哪有那麼簡單？除了麵體之外，還得要有食用油呢！外省人的油條用豬油炸，顯得香酥，但甜麵包用豬油炸，怎麼想都覺得不對勁，總感覺過於油膩。不過順風順水的沙拉船，剛好乘上自一九六〇年代末期，台灣才開始興盛的沙拉油產業浪潮，大量的沙拉油開始廉價生產，使得炸甜麵包越趨平民，有非常大的喘息空間得以擴散至尋常人家。此外，沙拉船的重點醬料，沙拉醬的製程，無論有蛋沒蛋的配方，皆須要油脂氣味淡然的沙拉油作為基底，因此平價沙拉油的催生，直接影響沙拉醬的突飛猛進，也間接造就沙拉船的傳奇。

此艘沙拉船，比瑪莎拉蒂還要價值千金，麵粉、油脂、醬料三大產業維繫著呢！

幾年過去，麵食推廣委員會不斷大外宣麵食可以補給營養、強身健體，在萬般洗腦之下，所有食材各就各位、各司其職，配合當時罐頭產業流行的各式佐料，以及滋味強大、令人心醉神迷的沙拉醬，組合成如同「黃金梅莉號」的沙拉船，或稱為營養三明治，這般神氣又洋氣的產物就此誕生。

尾田榮一郎沒有考慮把基隆港列入海賊王的場景之一嗎？我們台灣有沙拉船可以參戰啊。

獨步全球的早餐店文化

說到台式沙拉醬，我們怎能忽略最具代表性的台式早餐店？既然都出現沙拉船這種長條營養三明治，那麼規規矩矩的方正、三角形三明治，甚至洋人大口大口吃下的漢堡包，肯定也逃不過台式沙拉醬的五指山。

一九八六年，巨林美而美看上速食趨勢，在學校、補習班的周邊地區，擴大其連鎖加盟範圍，以學生為主要客群，並研發出結合台灣人口味習性的「台式漢堡」、「台式三明治」等中西合併餐點，開拓出全新的早餐風貌。

講白點，所謂的台式風味，就是因為美而美當時獨到的見解，率先開啟早餐店沙拉醬的生產量化，讓每一家在美而美管控之下的早餐店，都有著相同甜美滋味，完全迎合台灣人嗜甜的口味，以沙拉醬取代西洋三明治、漢堡所使用的正港美乃滋，創造出新世界。

不過，值得注意的是，早餐店的沙拉醬，與以桂冠為首的市售沙拉醬風味完全判若兩人，形體截然不同。市售沙拉醬成色乳白，細緻滑順；早餐店沙拉醬透明凝膠感十足，偶爾帶點鵝黃色。

我們先來簡單科普一下。台灣法規明定，單一成分若占食品比例越多，在成分表中，就要明列標示在越前面。以此端詳其兩者成分差異，最大的區別在於油脂含量與澱粉添加量。市售沙拉醬油脂含量居冠，添加的澱粉少，因此質地比較細緻順滑是理所當然的；反觀早餐店沙拉醬，礙於成本及食用安全考量，添加的澱粉占比較大，將其加熱之後與蛋液充分結合，來免除生蛋滋生細菌的安全疑慮，藉以增稠，才使得早餐店沙拉醬與市售沙拉醬呈現迥異的面貌，而且到超市想買還買不到。

這股中西撞擊的新滋味，飛快地風靡全台，甚至擊潰燒餅油條類的傳統早餐店。漸漸地，美而美連鎖體系趨於穩定，甚至其他後起之秀也紛紛加入戰局，早餐店的產品類別越趨多元，口味也基本定調。這樣的飲食新浪潮，逐漸成台灣人日常飲食不可或缺的一部分，也成為漂流他鄉的游子，最懷念的鄉愁。

嘉義人的烙印：白醋

聽到了，聽到了，阿佐聽到嘉義人在抗議了。

「白醋」在嘉義確實是有如忍者般偉大的存在。

以「白醋」一詞，影分身闖蕩整個大嘉義涼麵攤的沙拉醬，是嘉義人至死不渝的信仰。阿佐在台北走跳的時候，實在不解為什麼台北人去夜店嗨完都要去吃碗加了蒜泥的涼麵，再配碗貢丸味噌湯；直到我去嘉義工作的那幾年，我才真真正正了解，涼麵的大千世界真的不是我這等凡人能夠想像。

不同於北部所使用的黃鹼麵條，嘉義人喜歡冰鎮沁涼的白寬家常麵條，豪邁的小黃瓜刨絲，配上色澤實在不是太動人的芝麻醬，再出大絕，淋上幾圈「白醋」，就成了嘉義人口中所說的「白醋涼麵」。起先以為「白醋」是否相較其他沙拉醬來說偏酸口解膩，但其實也沒有，只是甜味少了些，搭配起芝麻醬別有一番神奇的風味。

至於嘉義人稱其為「白醋」的原因，眾說紛紜，一說是因為原先製作沙拉醬需要用到檸檬的酸，而在嘉義地區改為白醋替代，但實際上現在全台的沙拉醬幾乎都是使用白醋了，嘉義並不算特例；另外一說，是當時傳授的日本師傅，整在桌上留下白（砂糖）、醋二字，便消失無影無蹤，這故事獵奇指數實在太高，要營造出沙拉醬的白醋忍者影分身形象未免也太刻意，姑且當傳說聽聽就好。

其實事實究竟如何，也不是那麼重要，對於嘉義人而言，他們在乎的只是，這個世界沒有沙拉醬，也沒有美乃滋，只有白醋，這份對「白醋」永恆的愛，已經深深烙印在每個嘉義人心中。

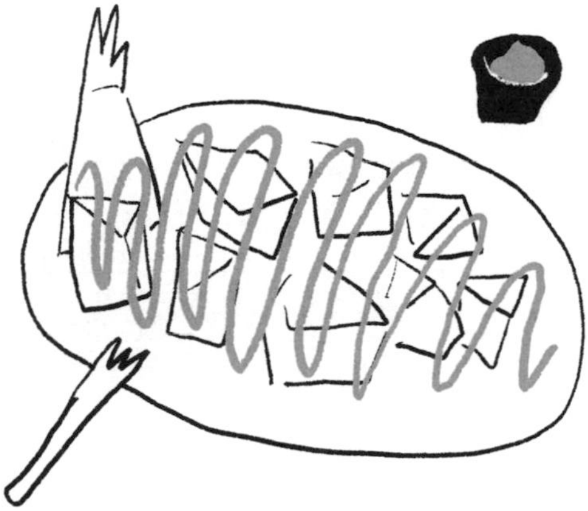

輯四

跨越時間的愛恨情仇

15

八德路上燃起的熊熊大火

台式牛排

猶記得國小時，第一次考滿分第一名，我爸媽帶著三個小毛頭，一家五口悠然散步到我家牛排，看著目不暇給的歡樂吧，以及上桌時滋滋作響的排餐，對於童年時期的三兄妹而言，那裡簡直是天堂。因此我們心中默默立下誓言，往後考試都必須努力，以便獲得此種大飽口福的獎勵。

台式平價連鎖牛排館，它對台灣人而言是個特別的存在，我們並不會時常想起它，也不會將它歸類於餐飲金字塔頂吹捧，但是它被我們埋藏在心靈最深處，並且占有一席微奢華之地，不假修飾地供應無限歡快，滿足一家老小，特別是小孩，對於各種慾望的聖地。

見過你的美，我還能愛誰

雖然早在日本治台時期，就有零星點點的西餐館供應牛排，但一九五一年開始，因為美軍的進駐，牛排才終於在台灣嶄露頭角，成為政商名流之輩炫耀自己好品味的最佳飲食。

這算替多半不食牛的台灣人開展一個全新的局面，以農為本的台灣人，怎麼可以吃辛勞又可愛的牛牛！可是如同香港歌手許志安「見過你的美」中所言，見過牛肉的美，誰能不愛？美味一觸即發，就像失速列車，沒有任何人可以止住對美食的渴望。

無奈，當時進口牛肉的價格居高不下，除了經濟條件富裕的高級人士，有能力去為數不多的西餐廳以及飯店享用之外，對於牛排的美好，一般平民百姓只得憑空想像勾勒。但如果平民老百姓沒有體驗美食的權利，那真實屬悲慘世界。所幸，爭氣的台灣人，緊接就進入到經濟最美好的年代。

這裡有批牛肉好便宜

飲食大眾化很重要的原因之一，就是食材成本得以下降。

一九六〇年代末期開始，台灣正式進入經濟奇蹟的時期。理所當然，人一旦有錢，所有慾望都會擴大，肉食需求增加，牛肉當然很難例外。我們開始有錢可以上館子，學學外國人享受牛排的美好，致使對於牛肉的需求量日益漸增。雖說當時負責國際貿易、物資供銷的省物資局，開始逐漸調高牛肉的進口量，還仍舊不足以應付市場所需。

不過，從一九七〇年代開始，我們看似大有為的政府好像開竅了，決定透過台糖實施「飼養肉牛計畫」，同時發展酪農產業。於是，各地肉牛村開始飼養肉牛，也有為數不多的耕牛，以及少數因利潤考量而被宰殺的乳牛可以供應牛肉市場。但本土牛肉仍舊不足餵飽台灣人對於牛肉的渴望，故大部分的牛肉仍需仰賴進口。

因此，人算天算都失算。

由於當時的政策粗糙，農政單位要自己養牛，經貿單位卻決定降低關稅開放進口牛肉。一九七二年財政部宣布調降進口牛肉的關稅，從原本的三〇％調降至二〇％。直接下降一〇％，進口商個個都樂呵呵。即便貿易稅額的壁壘還在，但這項措施確實降低了進口牛肉的成本，將牛肉的進口量推往可謂史無前例的高峰。據說當年度元月份，單批就進口了一百萬磅的牛肉。

其後，一九七五年時紐澳以及中南美洲的進口牛肉，開始先後以低廉到驚人之姿大舉進入台灣。別說「有批牛肉好便宜」，根本就是好幾批牛肉都好便宜，本土肉牛產業也因此重挫。

政治角力與肉牛產業之間的愛恨情仇，很難用一句話概括，但若我們單從消費者的角度而言，這樣的市場變化，是莫大的福音，老百姓有平價的牛肉可購買，也是台式平價牛排誕生的關鍵。

台式牛排第一把交椅正式誕生

其實，飲食大眾化的推廣，往往需要一位有guts的人物出現。把高級的飲食推向大眾，可是會惹惱一些自居「高級」的人士呢！高級人士總覺得品味不能隨便被模仿不是嗎？

偏偏那個時候就恰好出現那個一位先生——孫東寶。

一九七六年，台北市八德路巷子內燒起了平價牛排的大火，曾任西餐主廚的孫東寶先生，烹調出一盤盤滋滋作響的鐵板牛排，附帶小撮麵條，吃得飽也吃得巧，售價還只要四十五元，比起去高級餐廳享用牛排就要動輒數百元的價格來說，大眾化程度落實的很徹底。

孫東寶先生曾經說：「在這裡吃牛排，缺點是沒有派頭，但有個好處，便宜。」

食物可以分等級，但享用美食的權力不能分階級，在八德路巷子內，台灣老百姓終於可以悠然自得地享用平價的美味。

我認為這是「時勢造英雄」及「英雄造時勢」兩者兼具的典範。牛肉成本夠低廉，所以孫東寶先生得以藉此開創大眾化牛排；也因為孫東寶先生，大眾化牛排成為風潮，為台灣飲食史寫下新的一頁。

盤點台式牛排的三大特色

牛排雖然是美國人帶給我們的，但它卻在台灣走出自己的一片天地，我們可以仔細研究，將台式牛排分成三大特色。

一、鐵板。

想必大家都知道，歐美人煎牛排也許會用到鑄鐵鍋，但無論如何他們是不會將鐵板端上桌的。台灣有這樣的習慣，來自兩派說法，一派認為鐵板是受日本鐵板燒或是鋤燒所影響；另一派則認為，是深受一九五六年就開始的香港美心西餐推出的鐵板餐所影響。根據後續的考察及推敲，加上港台之間本就有密切的互動關係，因此我認為後者的影響力較直接。

但無論如何，不喜冷食的台灣人，也就自然接受鐵板與牛排這段良緣。

二、蘑菇及黑胡椒醬。

旅居國外的遊子想必都知道我在說什麼，因為我們都無法在台灣以外的地方找到熟悉的蘑菇及黑胡椒醬。

歐美的蘑菇醬分成兩派，奶油為基底，以及酒醋為基底。但為什麼我們流行的不是奶油為基底的 creamy 風格呢？孩子啊，台灣的酪農業一直都不強勢，當時進口乳製品的價格很高，老闆出來是要賺錢的，沒那麼傻；至於酒醋呢，台灣不盛產紅酒，也沒有巴薩米克醋，更不流行伍斯特醬那種酸酸微辣的調味品。因此，食材基底相仿，蘑菇、洋蔥、紅蔥頭、大蒜，一起爆炒香，加入番茄醬，以及獨有的大豆醬油，最後中式手法的芶濃芡，就這樣成了我們熟悉的醬香，黑胡椒醬亦然。

當然，一定要加蘑菇及黑胡椒醬的原因，有點小祕密。當時冷凍技術沒有那麼好，牛肉的品質，你也知道，找個濃醬壓個味道是明智的選擇。

三、麵與雞蛋。

雞蛋的角色在台灣人心中一直有不可撼動的地位，無論吃什麼，都得來顆雞蛋才顯得營養加倍，而且生雞蛋在鐵板上滋滋作響煎成半生熟，看起來爽度很高。至於沙門氏桿菌，好像在台灣人心中不具什麼威脅性，直到二〇〇九年，爆發大規模沙門氏桿菌中毒，部分連鎖店才停止供應生雞蛋於鐵板上加熱，但也只是部分，大多數的台式平價牛排館仍有這樣的舊習。

而麵，本身就是fushion的存在。早年台灣人不太習慣馬鈴薯，廚師料理起來也麻煩，飯放在鐵板上又鬆鬆散散不方便食用，麵最好了，用西式刀叉也能吃；可是義大利麵又吃不慣，不如放點白麵吧，油麵也行！到後面甚至出現烏龍麵等等各種組合，名符其實的混搭風。

青出於藍更勝於藍——我家牛排與貴族世家

這股台式平價牛排熱火持續延燒，甚至越燒越狂妄。在孫東寶接二連三地開展很多家連鎖店之餘，後起之秀也相繼加入戰場，更有出門孫東寶門下的子弟兵異軍突起。

一九八七年，首間我家牛排誕生，百元平價牛排，附贈湯、麵包、飲料、冰淇淋，眾多bonus作為吸引消費者的賣點。據聞，當時我家牛排的「蒜味麵包」風靡全台，大家都尋著這蒜香撲鼻而走進牛排館。

一九九五年，殺出了重量級狂妄選手——貴族世家，出自於孫東寶門下弟子林士欽之手。不知道是不是因為店名取為貴族世家的關係，感覺貴族吃飯都要很豪氣，我家牛排有的我通通都要有，輸人不輸陣，還多了燒仙草、生菜沙拉、剉冰等等副產品。

其實「all you can eat」的餐飲形式在當時的台灣已經有股小小風潮了，但貴族世家開啟全新的賽局之後，我家牛排能不跟進嗎？賭桌上是這樣的，如果對方都梭哈了，我們氣勢當然也不開能輸。因此，台式平價連鎖牛排館的自助歡樂吧大亂鬥就此展開，不僅兩大連鎖龍頭如此，就連其他小型的台式平價牛排館也不得不跟進，與其共同締造了台式牛排館文化的奇蹟。

雖然後來的後來，因為種類繁多的美食餐廳林立，不缺乏選擇的我們，似乎早已淡忘了這樣曾經無私滿足各種光怪陸離慾望的寶地。

也許如此的飲食文化形成的過程中，曾經造成肉牛產業的傷害，甚至波及到相關畜產業，同時卻也因為當時政府的決策，讓許多消費者都能一飽口福。此案孰對孰錯，難以評論，但值得欣慰的是，我們都能共同擁有，這樣平易近人、滿足口慾，只屬於台灣的台式牛排館。

16

天氣再熱也無法阻止的愛

台式小火鍋

自虐攻略守則：再熱，也要和你吃頓火鍋

號稱台灣國師的星座專家唐綺陽曾在邀請仙界女神田馥甄上網路直播節目時詢問：「如果一年之內，你都只能吃一種食物，你會選什麼？」果不其然，仙界女神果然很接台灣人的地氣，脫口就說出大多數台灣人心中所想的答案：火鍋。

當時馥甄女神的回答是：「我很聰明，火鍋裡面什麼都有，營養均衡！」。沒錯，火鍋，包山包海、包葷包素、包米包麵，更包清淡包濃厚，簡單來說，就是心中所欲，火鍋皆宜的概念。私認為，其實不僅馥甄女神很聰明，想來全台灣兩千三百萬同胞，肯定幾乎都會展現智商一百八，驚人一致地選擇火鍋作為終年所愛吧？

當然，吃火鍋並不是台灣人的專利，北京人吃火鍋、日本人也吃火鍋，但他們都位處寒冷的同溫層取暖，喜歡吃火鍋並不奇怪，反倒是台灣矗立在副熱

帶地區，隨著溫室效應越發嚴重，夏天常常飆破四十度高溫不說，每年立冬如同立夏、冬至如同夏至、大寒如同大暑，即便有寒流侵襲也是瞬眼即逝，完全讓人懷疑是否台灣島已飄移至赤道附近。

不過身為自虐程度極高的台灣人，再熱的氣候都不成問題，就算冒汗淋漓，也是吃得甘之如飴，我們依舊堅持三百六十五天都吃火鍋，天寒，理所當然吃火鍋，天熱，我們開著冷氣，也還是要吃火鍋，還要加碼旁邊的自助吧，各種口味的冰品隨機伺候，台灣人的鐵胃並不在乎冷熱交替之後會拉肚子這種民間謠傳，可謂真愛無極限。

日常好朋友，火鍋雷隊友

不料某日，在陽光和煦的早晨，我隨意抽本清朝斜槓青年代表袁枚大大的「隨園食單」一書，恰巧讀到「戒火鍋」篇章，內文大致描寫愛蓋印章也愛吃火鍋的乾隆皇帝，喜歡宴邀群臣前往皇極殿，舉辦浩浩蕩蕩火鍋趴踢「千叟宴」，不料，袁枚本人並不喜歡火鍋，並直指火鍋是「已屬可厭」的菜餚，因此就算有五千多人恭迎聖旨參加，他身為美食家的傲骨也不願為此折腰，硬是稱病請假。

袁枚討厭火鍋的原因獨在：「各菜之味，有一定火候，今皆一例以火逼之，其味尚可問哉？」，說直白點就是，你們這些傻子把所有食材丟進火鍋裡放任不管，一直煮煮煮，肉老菜爛，是吃ㄆㄨㄣ？

哀哉！如果袁枚來到台灣旅遊，肯定不識白菜滷的美味。

不過其實這倒也不能責怪袁枚先生，我想他當年肯定遇到雷隊友。每每去吃那種多人一鍋的鴛鴦火鍋，就是有那種懶惰的友人，經常把所有食材囫圇下鍋，白菜煮三十分鐘、花枝漿煮三十分鐘、油條煮三十分鐘，甚至連頂級和牛也煮三十分鐘，全然不懂涮火鍋的精妙，最後搞得食材風味盡失，鍋底氣味混沌不堪。別說大美食家袁枚了，倘若是阿佐跟這種人吃飯，肯定也當場吐血身亡。

火鍋最迷人之處：湯底鮮醇，食材入鍋先後有序，起鍋時機亦須各個精妙準確。蔬菜不好說，每個人喜好之蔬菜口感大有不同，偏好青脆爽甜的蔬菜，那就煮一分鐘即可，若偏好白菜滷的軟爛口感，倒也無妨，先把蔬菜本身的甘甜貢獻給湯頭，等來日欲大啖蔬食時，再夾帶湯頭共食，同等美味，以達「取之於蔬菜、用之於蔬菜」之大同理想。

唯獨，肉品不得放肆。

火鍋肉片，又稱涮肉片，為美食界專有名詞，無論業界與饕客，都默契留心潛在民間規定，每片厚度約莫在〇・二到〇・三公分之間口感最宜，太薄不行，太厚也不行，如此設定，就是要大家在享用火鍋時，能夠既快速又專業，輕鬆烹調出肉品最上佳的口感與風味，且火鍋肉片又名涮肉片，顧名思義是要讓食客以「涮」煮，並非「泡」煮，但不知為何，總是有一群人喜歡大把大把地將肉丟進火鍋，神似交往後就變冷淡的另外一半，將其置之不理，即便肉質扭曲，蛋白質也因受熱過頭而變質，致使湯頭如地獄般混濁慘烈，皆視若無睹，簡直像極了愛情。

阿佐想試問，您會將自己置於水深火熱之中而不救嗎？我們做人要善良啊！對的時刻不僅要遇見對的人，更要適時夾起熟度對的肉啊！否則所有行為皆為暴殄天物，難怪袁枚會覺得愛吃火鍋的人沒品味，我們必須糾正自身，以正視聽啊！

以鍋會友的武林大會

台灣火鍋市場宛如武林會場，派系眾多，也各自有擁護者，揮灑青春與盤纏無度，一家一家接連開，開得肆無忌憚，開得狂妄不羈，近期更是連年攻占台灣餐飲業界行業類別總數的鰲頭，祭出的招式猛烈，把許多英雄好漢打成火鍋成癮重症者，每年在他們身上吸取數百億新台幣，實屬狠辣。

不過凡是總歸有先來後到，火鍋武林雖然興盛，但元老始終不衰。

二〇二〇年總統大選時，不斷締造台灣民主新歷史的韓國瑜先生，意外捧紅「潮汕沙茶火鍋」，霎時之間沙茶火鍋蔚為風潮，讓許多青年這才體會到沙茶火鍋的魅力。不過顯然是遲來的正義，畢竟「沙茶火鍋」本來就是最為活躍的元老。

早期，潮汕移民帶著家鄉利器「沙茶」入境台灣，自然也將沙茶火鍋寫進火鍋武林祕笈中。但起初，並不是人人都能消費得起沙茶火鍋，原因是薪柴成本耗費龐大。如果說要仔細定義火鍋與一般熬煮鍋物的不同，那麼火鍋該具備的要訣，最重要的就是能「持續加溫」，在早期各項炊具都不是那麼發達的年代，持續添柴燒柴，無疑是項很重的成本支出，沙茶火鍋當然不能倖免。

不過這樣的困境很快就解套。隨著瓦斯爐的普及，薪柴僵局瓦解，火鍋大興利市，不僅沙茶火鍋開始如火如荼的展開版圖，就連台灣原創代表的石頭火鍋也不落人後的策馬趕上。

梁靜茹說：「其實愛對了人，情人節每天都過」，同理可證，其實吃了火鍋，親人團圓每天都有。一九六八年台灣寶島最偉大的電器之光大同寶寶推出刻有皇帝專屬的壽字家用電火鍋，更劇烈地加重台灣人吃火鍋的癮，台灣人似乎突然意識到，吃鍋不再是春節圍爐專利。自此，火鍋武林便如脫韁野馬，失序亂鬥，來到百家爭鳴的時代。

時光飛逝，歲月如梭，台灣終於等到經濟起飛的時刻。

當時，大樓大廈蓋起，百貨公司林立，明顯是一片大好前景，台灣人漸漸實現財富自由。一九七六年，以紡織起家並早就已經擁有數家百貨公司的新光集團，積極與日本公司 Parco 合作，並借重其商業優勢，最後選擇在西門町設立年輕又富有活的商圈「巴而可廣場」，集合各大流行品牌於一身，成功帶動該商圈景氣。俗話說的好，馬路壓多總會遇到餓死鬼，各大百貨公司本就無所不用其極的海嘯消費者的荷包，飲食消費豈能放過？於是「百貨公司美食街」應運而生。

此時，亦是「台式迷你涮涮鍋」悄悄萌芽的階段。

一九七九年，在餐飲業界已打滾多年的廖照明先生，透過朋友的牽線介紹，獲得在巴而可廣場的美食街設立餐廳的機會，他看準台灣人喜歡火鍋的消費市場，加上巴而可本就是與日本跨國合作的商場，便順勢將當時風靡日本的「shabu-shabu」涮涮鍋技術引進台灣，可是礙於當時美食街櫃位格局窄小的限制，廖照明先生靈機一動，便將原本屬於對視而坐的「多人一鍋」改為可以肩並肩坐的「單人一鍋」的迷你小火鍋，提高店面坪效，也為日後「台式小火鍋」的發展打下頭陣。

如此舶來商業模式很快就受到大眾青睞，不同以往大鍋燙的路線，單人迷你火鍋既方便又衛生，承襲自日本定食風格的菜盤，既典雅又大氣，最重要的是，百貨公司的美食街總是伴隨著陣陣冷氣，令人吃著舒心。寄居在百貨公司美食街下的生意，往往都能獲得很高的廣告效益，廖照明先生一手打造的「新亞迷你火鍋」火速暴紅，到後期幾乎全台灣的百貨美食街幾乎都看得見小火鍋的身影，無人不知無人不曉。現正時興從日本來的涮涮小火鍋，也讓台灣火鍋武林新添了一名高手。

故事的中段，陸續不斷有新貨色躍上比試台挑戰沙茶火鍋、石頭火鍋、台式涮涮鍋三大元老，例如自助式火鍋、麻辣火鍋、咖哩火鍋、雲南火鍋、酸菜白肉火鍋、甘蔗火鍋等等，亂鬥武林，誰也不讓誰。雖然他們彼此之間廝殺為敵，但卻又意外地共創火鍋榮景，持續數十載。

就在此時，有個不知天高地厚的小毛頭突然竄出，讓全場高手亂了套。

一九九八年，臭臭鍋橫空出世，據聞，彰化員林「三媽臭臭鍋」為臭臭鍋流派的創始總店。您對平價火鍋的需求，地方媽媽都聽到了！主打「單人小火鍋，百元都不用」的親民樸實路線，果然很快的就抓住日常火鍋成癮者的心，閒來無事，想吃鍋就吃鍋，經濟零負擔，加上台灣人本來就對第八味「臭」情有獨鍾，臭豆腐尬上臭大腸，臭味plus，令人欲罷不能，更恐怖的是，三媽臭臭鍋果然很有媽媽們勤儉持家的偵測本事，不但獨自創新臭臭鍋口味，還順便網羅比武場上各個派系的精華，來個平價麻辣鍋、平價沙茶鍋、平價咖哩鍋，把那些原本很顯擺的武林高手殺得措手不及。

招牌酒精燈、矮桌矮凳、菜比肉多的三媽臭臭鍋，在台灣各地蔚為風行，鼎盛時期的加盟店在全台更高達五百家之多，堪稱弟子數量最龐大的門派。但是好景不常，不諳於建立分店制度，以及沒能做好品質控管的三媽最後終究沒能守住門下弟子的叛變，「麗媽」、「三姊」、「六娘」等等各路地方媽媽接連現身，使得臭臭鍋流派出現「娘親那麼多，口味卻相同」的現象，為了搶奪大眾眼光，還紛紛祭出爆米花、冰淇淋等等招術延攬客人。

唉，同根相殺大抵如此。

火鍋武林邁入至今，因為技術門檻、投資金額、人力成本都相較其他餐廳低的情況之下，習火鍋之術的人不減反增，不過依阿佐之見看來，倒是樂觀其成，台灣人愛吃火鍋已經是無藥可救的成癮，那就大家一起墮落吧！

武林好手，毛特別多

自古文人相輕，火鍋成癮者亦然。

接著我們即將盤點出幾大火鍋界最具話題的爭議點。

火鍋蔬菜常勝軍高麗菜，有些人喜歡將其煮至軟爛，近似於白菜滷的概念，但部分異議人士卻大舉保留鮮脆的旗幟強烈抗議；蟹肉棒的塑膠要不要拆，是百年難題，不拆不健康，拆了散落滿地，最後分崩離析的蟹肉棒就隨波逐流，變成胖呼呼不知所以然的澱粉條；油條是個硬漢子，阿佐始終是站在油條入鍋不得超過三秒的派系，但有些人卻難以理解的喜歡將油條泡到面目全非，那為何不直接吃麵糊就好，實在令人不解。

最後，我們請出起爭議大王：芋頭。芋頭一旦煮久，會如同 Jo Malone 擴香般，滲透進火鍋的每寸肌膚，侵略每一口湯頭，但礙於香味喜惡總是因人而異，芋頭擴香也就成了火鍋最容易被引爆的爭議點。不過阿佐身為公道伯，實在必須格外憐憫芋頭，畢竟鬆軟質地是它天生，加上台灣農業技術精良，為配合甜品市場，才不斷將其品種改良，強調鬆軟綿密，這根本不是它的本意啊！

說了那麼多，不曉得火鍋成癮的你們有沒有發現，你們毛真的很多！不說了，我要去把蛋黃加在沙茶醬裡了。

台灣人的國民天菜

在亞洲，高麗菜與大白菜是結球蔬菜中的兩大天王，也是冬季蔬菜最重要的兩大生力軍，但其他地區食用火鍋的習慣，幾乎都與大白菜搭腔唱曲，只有台式小火鍋，選擇往高麗菜勢力靠攏。

這倒也不是太奇怪，如果說，蔬菜跟電視節目一樣有分級，那麼辣椒會是限制級，香菜會是輔導級，苦瓜是保護級，而高麗菜，就是普遍到不能再普遍的普遍級。

自打高麗菜種子從地中海漂流而來，隨後加上日治時期的推廣種植、國民政府來台後的各種品種引進與改良，幾番折騰，造就台灣人食用高麗菜的頻率和接受度極高。

細數著，鐵板燒配菜是高麗菜、蒙古烤肉自助吧是高麗菜、便當小菜是高麗菜、臭豆腐泡菜是高麗菜、小麵攤燙高麗菜、水餃餡包高麗菜、營養午餐有高麗菜，連媽媽上市場買菜，也會抱整顆高麗菜回家，原因無他，耐放！

我們的日常，沒有任何一週能夠逃離高麗菜的魔掌，高麗菜絕對是情場高手，它不會讓你發現它的存在，但是卻仔細照看你的三餐，讓你不特別喜歡，卻也不特別討厭，如同陽光空氣水，直到最後你才發現你已經離不開它，浪漫的慢性綁架。

既然民眾普食率如此之高，台式小火鍋又豈能錯過？更何況，高麗菜還是蔬菜界中最佳「打腫臉充胖子」的代表。

放眼世界，雖然喜食高麗菜的民族眾多，例如戰鬥民族俄羅斯人喜歡將高麗菜燉湯、海洋民族日本人喜歡把高麗菜切絲生食或做成高麗菜捲、嚴謹民族德國人則是將高麗菜做成德式酸菜名揚國際，但是他們都忽略高麗菜特色：能裝逼。

僅僅台灣，能將高麗菜的個人魅力發揮到極致：無論走進哪家火鍋店，不分昂貴高級、親民平價，菜盤總是有蓬鬆的高麗菜撐著，遵循著高麗菜本身自然流暢的曲線，完美倒扣出漂亮的弧度，如同撐起中古世紀貴族女子的蓬裙骨架，奢華雍容，底氣十足，佯裝澎派，讓整個菜盤看上去比麥當勞超值全餐還要超值。

不過，身為溫帶蔬菜的高麗菜，是怎麼在這片副熱帶寶島活得如此精采？

首先我們得先科普一下，高麗菜性情高冷傲嬌，其實不怎麼適合在酷熱的氣候生長，只要氣溫稍稍過高，它公主病就會犯，結球良率就會降低，這不僅嚴重影響台灣夏季高麗菜的產量，更增加台灣孕育屬於本島高麗菜品種的技術困難度，如此想來，台灣要想一開始就征服高麗菜傲嬌的性子，是完全不可能的，這也是為何在台灣農業發展初期，高麗菜的菜種幾乎都從溫帶國家日本引進的原因。

其中，又以日本種「初秋」為現階段台灣栽種品種的大宗，並憑藉其口感清脆、纖維細緻之優勢，長紅數十載至今。只是，初秋雖然好，耐熱性卻不高，在夏季耕作時必須移往山區，也就是我們日常所知的「高山高麗菜」，雖然可以止夏季蔬菜需求的燃眉之困，不過以水土保持的長期趨勢看來，很是傷害。

可是台灣人民好像郭富城上身般，對高麗菜永遠愛不完，導致高麗菜在歷年夏季總是處於供不應求的牛市，幾乎每天都是呈現漲停板在攀升。所幸，除了依靠進口高麗菜以補足夏季缺口之外，台灣農業改良技術還是值得信任依賴。台南農改場與台中農改場先後研發出「台南一號」、「台南二號」、「台中二號」等耐熱性高的品種，農民終於能夠在夏季的嘉南平原上，種出相較以往更高品質的高麗菜，使本土夏季高麗菜之困有解，也能稍稍趨緩高山高麗菜造成的水土保持問題。

不過事情總是兩面刃，雖說夏季高麗菜的供需稍微平衡，可是每年冬天百菜齊放的好日子，亦是高麗菜大出的時節、所有菜農惡夢的開端。台灣的農產市場是採自由經濟，政府無法挾勢控管，然而，隨著農業技術的發達，種植高麗菜已經不再是技術門檻很高的行業，但又因看好市場行情與需求，每年依舊有大批農民入生產，導致冬天期間，經常因為產能調節不善，生產大過需求，菜價暴跌。

正所謂「菜賤傷農，菜貴傷民」，高麗菜位居台灣國民天菜，身價自然備受矚目，無論菜金或菜土，總是淪為政治口水仗的一環，卻又無人能真正解決根本。

不過，以消費者的角度而言，能夠一年四季都品嘗到高麗菜，特別是在炎熱的夏天，煮著本該在冬天才會有的高麗菜，涮著肉、喝著湯，吹著冷氣，完全是台灣人獨創營造出的小確幸。

沙茶不是茶，與火鍋百搭

如果沙茶醬有生命，那在它百年之後，腦海中閃現的人生走馬燈絕對是相當清楚。起先，它從星馬、印尼地區，以「沙嗲醬」之名揚帆出發，隨後跟著潮汕華人腳步，輾轉來到華南地區，因為沙嗲的「teh」發音與「茶」相同，於是就地更名換姓變為「沙茶」，方顯接地氣；爾後，它再隨著移民潮，搬遷至台灣，落地生根。

不過，沙茶醬到了台灣，可不像初到潮汕地區般，只是更名換姓，它甚至在口味上都有所調整，在阿佐看來，台式沙茶醬某種程度來說是台灣料理界中的異議分子：它竟然異常偏鹹！台式料理口味通常會混搭些許的甜味，例如台菜廚師會在菜餚裡加點糖提鮮，或者台式經典小吃的醬料，如蚵仔煎，大致上也都會帶著甜味，唯台式沙茶醬鶴立雞群般的走直爽鹹鮮路線，全然豪放，與星馬、印尼、潮汕地區偏甜口的沙嗲、沙茶醬，有著明顯的差異。

無論怎麼搭都鮮香，鹹味台式沙茶醬，幾乎成了台灣人不可或缺的日常其中，台式火鍋就是被沙茶醬靈魂緊緊依附住的經典例子。

打開沙茶百年配方，無論是哪個名門弄堂出產的沙茶醬，除繁雜的各種辛香料以外，幾乎都有「扁魚乾」這項原料的存在，但扁魚是啥？那就是身形扁窄、兩眼互瞪的比目魚。不過說是比目魚又不是那麼的精確，事實上比目魚種類眾多，其中分為鰈魚或鮃魚兩大類，令人眼花撩亂，難以分辨其中差異。

我們並沒有立志成為魚類專家，只消懂得為什麼這樣吃就可以。扁魚是西太平洋地區盛產的魚種，雖然產量很多，不過其少肉多刺的特性，要作為食用肉魚實在不甚理想，但是沒有什麼困境可以箝制住古人的智慧，不浪費是美德，於是他們將其曬乾保存，使扁魚作為很好的鮮味來源，在星馬、華南地區廣泛使用，四面環海的台灣自然也懂得利用其鮮美精妙之處。早年雲林口湖地區是台灣扁魚乾最主要的產地，逢遇天氣良好，還能日曬扁魚乾，滋味更勝機器烘乾，只是曬扁魚乾是份勞力活，農村人口近幾年大量流失，願意持續投入扁魚乾產業的人才微乎極微，如今出產扁魚乾的廠商屈指可數，致使製作沙茶醬的必需品扁魚乾，大多都得依靠進口而來。

其實沙茶醬會跟台式火鍋合拍其實一點都不令人意外，請你仔細回想，傳統辦桌席上的白菜滷，是否偶爾會吃到像魚刺的異物？沒錯，那就是扁魚乾，上等的白菜滷，湯底少不了扁魚乾吊湯煨煮，鮮美至極；又或者，嘉義知名的砂鍋魚頭，其湯底也必須使用扁魚乾熬製。無論何種湯底，都必須「鮮」，也就是日本人傳唱世界的「うま味」（umami），湯鮮味美，再配上有著魚鮮乾貨參雜其中的台式沙茶醬，滋味自然上乘鮮美，誰能抵擋這份大海的饋贈？加上早期潮汕火鍋在台灣掀起的熱浪，更是將沙茶醬的靈魂，緊緊栓在火鍋身上，成為台式火鍋無法忽視的特點。

還記得阿佐在巴黎的那些年，結束疲憊不堪的實習工作，最讓自己療癒身心的事情就是走到亞洲超市，買罐沙茶醬，回家自己替自己熱上一盆火鍋，大咧咧地沾上沙茶醬，假裝在他鄉還有親人擁抱我，如今回想來依舊溫暖。

17

海納百川的奇蹟

台式早餐店

人腦科技領先全球的早餐店阿姨

當全球數十億人口還在為新發表的 iPhone 智慧科技驚嘆的時候，台灣的早餐店阿姨早就領先全球，在人腦應用上超前部屬。

我永遠沒齒難忘，在醉生夢死的大學四年，那些如喪屍般起床上早八課的日子。七點，每每時辰一到，手機就會開始響起，我下意識地拚命摀住鬧鈴，待它窒息閉嘴之後，召喚意志力企圖起身好幾次，卻又宣告失敗。正當我準備放棄垂死掙扎，想安穩睡個回籠覺之際，腦海霎時出現早餐店跑馬燈，在學校方圓五百公尺，腳程所能到之處，約莫有十多間早餐店的阿姨正在遠方輪流呼喊著我。

把我從早晨中喚醒的從來不是夢想，而是早餐店阿姨。

被人潮擠得水泄不通的早餐店裡，我們不難發現，早餐店阿姨總是能拿出比她當年準備聯考還要驚人的記憶力，像泰坦超級電腦般，配備容量超大的記憶體，將每個客人的點單資訊快速儲存，比方說：起司蛋餅雙蛋不加番茄醬、總匯三明治吐司去邊美乃滋多一點、豬排漢堡加起司不要生菜、鐵板麵雙醬不要三色豆蛋半熟等等畸形怪狀的各種要求；接著，從大腦雲端輸出，像3D列印般，手起刀落，咻咻地將餐點製作出來，全程無須紙本菜單，比蘋果公司更環保。

有著超強記憶體還不算什麼，早餐店阿姨的臉部辨識系統更是尖端卓越。我強烈建議心情憂鬱者，或是自覺處於社會邊緣的人，三不五時到早餐店走一遭，因為旦凡在早餐店走跳幾次之後，早餐店阿姨將會自動開啟人臉辨識系統，甚至熟記使用者喜好，讓你一鍵點餐，徹底感受到社會溫情。此外，在早餐店阿姨的心裡，西施盡收情人眼底，每個人都是帥哥美女、都能獲得愛的能量所需，踏進早餐店的瞬間，聽到這聲「帥哥／美女早安」，總是使人舒心。

都說台灣最美的風景是人，早餐店阿姨無疑是最佳代表，雖然他們在店裡有時也會因為出餐不順大吵大鬧。關於早餐店阿姨們的都市傳說很多，強烈建議各大電視台可以據此為參考，拍攝成八點檔，必定共鳴不已。

喔！別忘了，飲料杯上的爛笑話也是傳奇。

美X美的進擊

常言道：「無心插柳柳成蔭，台式早餐賣成精。」好，下句是我瞎掰的，不過台式早餐的誕生確實是場意外的驚喜。

據聞，一九八〇年代，台式早餐店創始人林坤炎先生，起先是想效仿老美在棒球場上吃熱狗漢堡的文化，於是起心動念，想靠著小本生意養活一家老小，如此而已。但天不從人願，棒球場旁的流動小販眾多，各持千秋，熱狗漢堡這樣的新興文化未能成為亮眼之星，畢竟人類是保守的動物，面對自己無法理解的事物總是不敢輕易嘗試，因此林坤炎先生小攤生意只能宣告失敗。

但就在此時，台灣餐飲界突然來了一隻拔山倒樹的巨獸：麥當勞。

一九八四年一月，首間麥當勞在台北開設，影響了整個台灣，有了麥當勞這個強大的美國品牌做靠山，漢堡熱狗這類的食材突然之間不像畸形怪獸，反而顯得陽光時尚。不過麥當勞中終究是舶來品，在當時非常昂貴，起碼阿佐是只有考試考第一名並且還要滿分，我爸媽才會勉為其難帶我去吃的那種級別。

誰能抵擋如此邪惡的誘惑？

山不轉路轉，小攤餐車亦然。生意人的小腦袋瓜兒總是特別靈動，林坤炎先生燃起希望，將眼光放在距離台北市立棒球場不遠處的育達高職旁，畢竟莘莘學子總是接觸流行文化的先鋒。

果然不出所料，搭上麥當勞的風潮，再結合台灣經濟高飛的年代，多數婦女走出家庭求職，已無暇顧及心肝寶貝的早餐時光，林坤炎先生的小攤車就像天外飛來一位名廚，瞬間解決縈繞在家長心中的早餐難題，接著順水推舟，將盛況火爆的早餐生意在八德路上立下門面，並將其更名為「美而美」，新一代台式早餐就此誕生。

其後，美而美一不做二不休，畢竟沒有將軍會嫌自己版圖大，索性開放加盟，將美而美打造成連鎖產業。顯然這樣的決策很正確，順應後勢看好的速食趨勢，加上投資金額小，這讓許多人捧著金，紛紛表示願被納入麾下，跟著總公司的腳步，在學校、補習班的周邊地區，以學生為主要客群，早上賣日間部學生，下午賣夜間部學生，打著廉價速食策略，研發出符合台灣人口味習性的「台式漢堡」、「台式三明治」等中西合併餐點，開拓出全新的早餐風貌，共創台式早餐的榮景。

私認為，美而美是台灣飲食發展中相當重要的一環，無疑能稱為「台灣奇蹟」。

以多元化來說，沒有任何一種餐飲類別的產品種類可以繁複過於早餐店。台式早餐囊括了以太平洋到大西洋、北極到南極、中式到西式、油膩厚重到清爽無負擔，甚至把爺爺奶奶爸爸媽媽那年代的早餐也都拉進來一起開轟趴，諸多口味餐點任君挑選，還有很多OL會特地選擇冰奶茶搭餐，順便替身體做體內環保。

更重要的是，台式早餐完全學習到了麥當勞的精髓，妥善地將食材製程SOP化，使得早餐店的產品種類再怎麼複雜，都只消一個懂得把食物加熱的

「大廚」站在煎台前，就可以將所有料理易如反掌的端上顧客面前，完全仰賴食品加工與食材前置處理。

實在是餐飲界奇才。

不斷被覆寫的早餐文化

早餐曾經像集體潛意識般，深植在每個人的腦海中，占據著極其重要的地位，被賦予著極高的使命感。

在農村社會時代，多數人從事的生產行為都以家庭為核心，日出而作、日落而息，操忙繁瑣細碎的農事與家務，致使用餐時間必須精確、必須飽足，才能接續馬不停蹄的粗重體力活，其中早餐為每日之始，尤為重要。如此，整家子的人，由打理家務的負責人，通常是女性，如祖母、母親、嬸嬸等，略施小展，燒上幾碟菜，配上白米或粗糧，是原始的早餐型態。

放眼東亞，不僅台灣如此，中國、韓國、日本皆是如此。

爾後，隨著工商時代的發展，雖然財富確實越趨自由，但繁忙的腳步不曾減緩，反而日益漸增，加上女性漸漸走出家庭，家人圍坐吃著家庭式早餐的現象漸漸式微，這樣的發展衝擊，無一人倖免。人們疲於奔波，早晨能再睡五分鐘是世間最幸福的事情，因此除了少數人會上所謂的食堂或餐廳享用早餐之外，絕大多數的人都轉向快速便利的方式來補足晨間熱量，比方麵包、麥片，或便利商店的三角飯糰等等，而且根據許多街頭訪問，我們甚至可以發現，早餐選擇性相對較少的地區，會出現多數的年輕人會略過早餐的現象。

幸也，在台灣發展歷程中，有不少早餐店的存在，從早期的燒餅油條豆漿店，到近期已美而美為首的連鎖早餐店。這些店家順應著快速高效的時代趨勢，同時又能提供我們源源不絕的早餐種類，不斷變化革新，創造出五花八門的食款，降低工商社會對飲食習慣的衝擊，替台灣寫出特殊的早餐飲食文化。

我常常在想「懷舊」跟「古早」這兩個詞，其實是相對的：有新的事物誕生，才得以衍生出舊的概念，它們並非絕對，而是隨著時間的推演，造就出一波又一波的懷舊浪潮。

也許，對祖輩而言，最懷舊的早餐也許是地瓜飯配醬菜；對爸媽那代來說，兒時的早餐記憶是稀飯或包子，也許家境優渥的叔叔阿姨還會喝上一碗牛肉湯。

而如今，隨著西式早午餐的崛起、一六八斷食減肥法的影響，台式早餐的未來樣貌究竟為何不得而知，不過可以確認的是，對於我們這種九〇後的黃口孺子來說，到老時心中想望的，絕對是以美而美為首的「山寨西派台式早餐」。

A: 揚眉吐氣

18

遊子人人懷念的古早味

台式蛋餅

親切地跟老闆來場早晨寒暄，點份豬排蛋餅加起司，蛋、肉、乳、澱粉，一次滿足，安撫空虛哀號的腸胃，再喝杯奶茶，最後悠悠離去，是許多台灣人共同的回憶。長大後，出了社會疲於工作，雖然便利商店的麵包成為趕時間的首選，但台式蛋餅那種預先將餅皮製作好，只消進行煎蛋覆熱的快節奏速度，也稱得上是勞動階級最鍾愛的早餐之一。

因為家庭以及學業的關係，過去我很常往返兩岸之間，以前小時候不懂，總覺得麵食既是外省人帶進台灣的飲食文化，那麼身為麵食族繁之一的「蛋餅」，理當也應該像台灣那樣出現在各個街頭才對；但尋它千百度，也只得在特定地點找著，並不像台灣如此密集遍布。當然，更遑論至歐美、日韓等地區，想見蛋餅的身影，可謂天方夜譚。

後來，我才知道，「台式蛋餅」，是特殊的歷史背景下所低調誕生的「微奢侈食物」。

台式蛋餅的華麗誕生

台式蛋餅普遍分為兩種：市售麵團餅皮與古早味麵糊餅皮，但無論何者，都切切實實與一九四九年這個特殊年分脫不了關係。

光復初期，隨著國民政府來台的外省移民，將麵食文化帶進原本以米食為主的台灣，無疑造就出許多飲食經典，發展出許多別出心裁的「台灣麵食」，加上一九五四年，美國政府通過四八〇公法，讓友邦國家可以透過當地貨幣，用極度低廉的價格購買美援麵粉。這項措施，對於當時物資匱乏的戰後台灣，著實起了非常大的影響，更開啟了台灣全新的飲食文化篇章。

在中式麵點方面，戰後大量來台的外省人開起麵館子，傳統豆漿早餐店也日益活絡，我們接觸並學習製作麵點的機會比原先日治時期來的更多，其中又以麵點基礎中的蔥油餅為大宗，粗略製作餅皮，加上蔥花，時而油煎，時而乾烙，灑點鹽與胡椒，雖然樸實，卻也是有滋有味。

有趣的是，當時並沒有「蛋餅」這樣的概念，點餐時要喊的品項，頂多是

「蔥油餅加蛋」、「大餅加蛋」、「薄餅加蛋」等等。這在邏輯上其實很容易理解，不管是什麼樣子的飲食文化，求溫飽是最本能的發展基礎，其後才是營養補給，雞蛋跟營養總是畫上等號，長輩認為雞蛋超營養的觀念根深蒂固不說，即便到我們這代，連吃個所謂垃圾食物的泡麵，都還是會加顆蛋，好像這樣才不會對身體感到愧疚。

於是，自從我們開始接觸蔥花餅皮之後，依照家境狀況，若有幸能加顆雞蛋，讓蛋液四散餅皮各角落，做出所謂的「蛋餅」，讓孩子吃得飽也吃得巧，腦袋靈光生得俏，也是一件格外幸福的事情。

不過，我們不難發現，「吃軟不吃硬」之情況並非牙口不好年長者的專利。在甜點糕餅店，大多強調蛋糕本體的保水度、綿密度，最好還是半熟起司、熔岩巧克力等等的液態內餡，製造視覺舌尖都療癒的口腔饗宴，即便連最簡樸的磅蛋糕食譜，我們也都不斷的改良出濕潤蓬鬆的版本。

餅皮亦是。

麵團揉得好，餅皮嫩不老，這是任誰都知道的道理。可偏偏中式麵點的博大精深，很難被尋常人家摸透，加上早期台灣本就不是食麵民族，想要揉製全家人都誇獎到咋舌的程度，那想必是有極高的廚藝天分。

向來偏好軟食的臺灣人，為了讓適口性提升，雖然不諳麵粉製品，但總歸還是有辦法在夾縫中生存。面對堆積如山的便宜麵粉，不會揉麵？沒關係，加多點水成麵糊狀，用勺子舀入鍋中，旋轉鍋體，用攤餅的方法也行！

此外，我們還發現神奇的「白粉」可以製造出軟呼軟呼的餅皮口感，那就是「太白粉」或「地瓜粉」。在麵團中添加少許太白粉或地瓜粉，利用其低蛋白質結構與受熱糊化黏稠的特性，增添柔嫩度卻又不失嚼勁。再加上傳統米食中的「粄條」或「河粉」類食物，本來就有在米漿中添加太白粉或地瓜粉，以改善米製品口感易裂的習慣，那麼在麵糊添加此二種澱粉，自然是情理之中，沒想到口感還意外地輕薄透嫩。

瞬時之間，完美配方在民間流傳一觸即發，民眾無不喜愛，演變至今時今日，到成了現在我們口中說的「古早味麵糊蛋餅」。

這樣製出的餅皮，雖不至初生嬰兒那般嬌嫩，也是能有十七歲女生那般的溫柔，相較於揉麵團的製程，這樣的配方顯然比較適性於不諳麵粉的台灣老百姓，這也是為什麼坊間許多台式蛋餅皮配方皆會添加以上兩種粉的原因。

走紅絕非偶然，台式蛋餅稱霸早餐的契機

便利和簡單始終是料理成為主流的推手，工商時代來臨，大家早已無閒暇時間手工自製蛋餅，然而現實是很殘酷的，只要沒有時間沒人傳承，飲食文化消逝是必然，歷史皆是如此。

我們開始習慣到早餐店購買蛋餅，只不過，早期早餐店的蛋餅，一為麵團手工現桿，二為麵糊手工現攤，可是上班前的通勤時間越顯珍貴，繁忙的腳步早已等不及蛋餅的現場製作，於是從一九九三年開始，有機械廠推出蛋餅皮快速加工機，讓機器取代手工，使得蛋餅皮得以量產，將早餐食品的生產方式正式邁入自動化，再加上凍藏設備普及、技術提升，坊間食品大廠紛紛投入冷凍

蛋餅皮的研發，不僅讓家家戶戶都能透過購買蛋餅皮，以更加簡單的方式製作早餐，還大舉將之導入連鎖早餐市場，使蛋餅走出傳統中式早餐店，以各種萬千風華的姿態出現，包裹山海，創造出獨一無二的台式風味，也扛起了台式早餐的招牌。但此時社會大眾對蛋餅皮的印象，早已經不再是像從前蔥油餅那般扎實渾厚的路線，取而代之的，是一種輕盈柔韌，與雞蛋口感相仿的薄皮型態。

熟悉的麥香不管怎樣都很對味

在食品工業的催化之下，蛋餅的演化有著推波助瀾的成長，從傳統大餅加蛋、麵糊加蛋，到現代化薄透餅皮，都證明麵粉香氣以及咀嚼口感，始終能夠召喚出我們心靈中最原始的味覺感官。

遙想當年就讀淡江大學的時候，除了去幾家台式早餐店，吃著再熟悉不過的工廠蛋餅皮之外，我還幾乎每個禮拜都會從校園的東北端走向西南端，只為吃姊妹早餐店的手工現桿蛋餅，厚實又彈性十足，灑上新鮮蔥花、打個雞蛋，咀嚼的爽感可以讓我整天不翹課；再瘋狂點，飆個二十分鐘左右的車程，到石牌的無名手工蛋餅店，外皮酥酥略帶脆感，雞蛋麵香樸實可愛，再配上一碗綿密濃郁的花生湯，嗅覺味覺上華麗到翻天覆地。

至於麵糊掛，除了家母日常操作之外，最經典的莫過於以台中明倫蛋餅、一心蛋餅，或是高雄王媽媽早餐店、食憩時代等等，有薄透濕潤、有外脆內軟，各種配方版本，亦各有各的擁護崇拜者。

我認為，口感是一種個人選擇，甚至某些時刻有種療癒舒壓的效果存在。但無論喜好哪種風格，蛋餅在台灣人的心中早已有著不可撼動的地位，否則，旅居國外的台灣人，又怎麼會嚴重思念家鄉到拿 Pita 餅充當蛋餅皮呢？

輯五

飯後解饞的小確幸

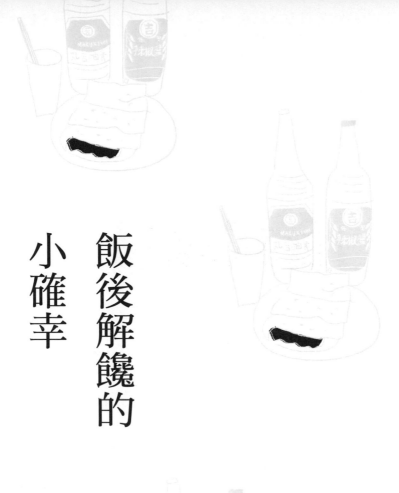

19

夏日的熱鬧序曲

台式冰品

近年夏天的旋律總是提前開序。每到這個時候，我都會想起《櫻桃小丸子》的片頭曲，紅色「冰」字搶眼奪目、藍色海浪沁涼宜人，招牌旗幟隨風飄逸，像富士山的刨冰淋上姹紫嫣紅的色素水，配上磅礴的弦樂編曲，這就是夏天的熱情；又或者，令人聞雞起舞的剉冰進行曲，手呈鹹蛋超人刀狀，甭管什麼冰，用力剉賣力吃，暑氣盡散是準沒錯的。

冰品原生態，沁涼受喜愛

人類很早就懂得靠吃冰解暑熱，只是位處副熱帶的台灣，並不像其他相對高緯度國家那般得天獨厚，擁有天然資源以供鑿冰取用，清末時期的台灣，以往都是從香港進口冰塊，且價格不斐。直到日治時期，台灣的製冰工業才終於有了苗頭。一八九六年，英國商人與當時大稻埕赫赫有名的商人李春生合資，於台北建昌街設立第一家製冰廠，以相較高效的方式製作冰塊供給市場。

有了製冰技術，各式冰品種類也就自然衍生。

早期，除了將冰塊放入果汁冷飲裡以外，手工削冰或刨冰，淋上糖水是比較傳統的食用方法。其後，隨著刨冰機的發展，製作剉冰的形式便利許多，經濟稍微優渥的家庭開始到冰菓室享用冰品帶來的酷涼感。之後，大家看到的各式各樣配料，雖說是深受日式飲食的影響，可那都是後來的事情了。

與此同時，大鳴大放的冰品還有一樣：枝仔冰。

據聞，最早的枝仔冰始於一九二六年的高雄旗山名叫「枝仔冰城」的專賣店，但是也有人指正說應該為新竹新埔的百年「義順冰店」，這樣的紛爭我們暫且不攪和，唯可以明確知道的是，當時在街頭人手一冰棒的消費行為是十分盛行的。後因購買及食用的便利性較剉冰高，加上製程簡易，又可預先製做完成，便於批發銷售，故常有小攤拉車四處兜售。

其後，民國四、五〇年代，國營企業大老台糖也開始加入賣冰棒的行列。大家對台糖冰棒的印象就是，用料一定純正。因為台糖自己生產砂糖，用料當然實在啊，所以當時枝仔冰在台灣冰品界占據極高分量，更成為大家心中的共同記憶。

不過，對於枝仔冰我是有點小疙瘩的。阿佐貪吃成性，覺得只是把冰棒放在嘴裡含融化很不痛快，故經常發狠用牙齒咬斷，可是每當門牙咬下枝仔冰晶之時，總是會發出如同摩擦到保麗龍的聲音，令齒神經發軟無法與之抗衡，欲速則不達，最後放棄食用。寫到這，光是想起那股餘音，都仍舊會起雞皮疙瘩。所以相較於枝仔冰，我還是喜歡剉冰那種雪花粼粼、綿密細緻的口感，最深得我心。

百冰齊放，守陳出新

台灣酷暑難耐，冰品市場發展到這步田地，誰會放過這塊大餅？又不是傻子。

除了既有的冰果室剉冰以及小攤枝仔冰出現在冰界大舞台之外，還開始有越來越多購買更加便利，且「商品化」更加明顯的冰品應聲而出，甚至青出於藍，幾乎搶走了剉冰及枝仔冰的戲份。

舉幾個無人不知無人不曉的例子。

雖說日治時期就已經有商家製作冰淇淋，但將其商品化並且發揚光大，始終不得不提小美冰淇淋。猶記幼時每每有訪客到家裡，手上都會提一袋十入的小美冰淇淋做為禮品贈予，甜甜軟軟、入口即融的特性很受家中長輩喜愛，可我偏不，總覺得太過膩口，過沒多久又全都化成奶昔，毫無口感。相較之下，我比較偏愛小美旗下的鑽石冰那種碎冰系列，至於上頭的冰淇淋，我都會挖給我哥，難怪他總是那麼喜歡跟我一起吃冰！

若要避免除卻冰淇淋的麻煩，又可以大啖碎冰口感的冰品，就不得不提統一「刨走族」跟雙葉「剉冰族」，經典烏梅跟梅子口味總是讓我懷念。梅類味酸，導致口水直流，冷熱在口中糾纏，冰晶在舌面化開，嗚嗚，戀愛的滋味也不如此物！

另一個碎冰口感的霸主，就是百吉冰棒。我永遠記得，那是一枝百吉冰棒只要三塊錢的時代，因為我那個小氣的哥哥，每次領零用錢，都不願意花三塊錢，買枝可樂口味的百吉冰棒，請他可愛的妹妹。吃百吉冰棒有個要領，將頂上的小頭旋轉分離，切記要用嘴巴銜住斷開，否則高濃度糖漿會如同鮮血沾滿你的手！

最後，最酷炫，也是當年最騷包的，莫過於西瓜冰棒了。我印象中，家母總是會買一堆雀巢的西瓜冰在家裡囤著，幾粒用巧克力點綴，如同黑痣般的假西瓜籽永遠是我首要剔除的對象，用下門牙一顆一顆掰下來嚼爛，這吃法似乎有點強迫症。而西瓜冰的風味確實有點像西瓜，但也不全然是，它最迷人的地方，就是冰晶雖然細小微粒，但仍富有口感，與我最愛的帶著一點沙沙口感的新鮮西瓜很像。

家庭式吃冰的超級進化

你以為人們對於冰品的追求，只在買的到就好嗎？不！什麼都要自己做！也許基於衛生安全考量以及追求真材實料，幾乎每一個家庭的長輩都會捲起袖子，親手製作愛的冰冰，滿足家中老小。

最簡易方便的，就是夾鏈冷凍袋了。綠豆湯，亦或酸梅汁，煮好放涼，用湯勺小心翼翼的填入冷凍袋，密封入冷凍庫。技術好的製冰者，都懂得只裝九分滿，否則密度變化的魔法催使之下，爆袋慘事也是常有。家母還有一個小訣竅，就是加少許太白粉，可以使冰的口感更加細緻。

再講究一點，繽紛可愛的冰棒模型開始迅速風行於各個家庭，但它不像冷凍袋那樣，可以容納過多的配料，否則冰棒一旦出鞘，那些豆啊果啊的，就會散落滿地，加之這個時候家母開始犯懶，懂得用一些果汁取巧，因此，我家便開始出現以柳橙汁、果汁牛奶為首的冰棍，操作更簡易，連小孩都上手！

當然，如果想要營造冰果室的氛圍，怎麼也得表現出個範兒。陽春型的手搖剉冰機式當年家母公司尾牙抽中的獎品，他拿回來的那個晚上全家興奮不止，恨不得有一台迅速製冰器可以製作專屬冰塊來進行剉冰儀式。比小美冰淇淋盒再大些的專屬製冰盒早已不敷使用，後來家母還靈機一動，蒐集了很多冰果室的外帶盒充數。

家庭之樂，甚於製冰食冰也乎！

吃冰風潮被網美風牽著鼻子走

其實冰界早就已經有網美了。

一九八二年，翔美食品正式推出濃郁又爽口的「雪花冰」，結合冰淇淋及剉冰的特點讓雪花冰一炮而紅，綿中帶粒，香氣迷人，就像個塗上厚重粉底液的女主角，粉墨登場，瞬間抓住眾人的眼球。

自此，從我高中時期很火的五角冰鋪、永康街的迎賓館到台南泰成水果，直至近年，網路的興盛，網美風四起，無論是老式冰果室，或是新興冰品專賣店內販售的冰品各個濃妝豔抹、爭奇鬥艷，搶戲手法每日更迭，無疑都是各界網美愛美成癡的最佳影響力典範。

邁入商品化網美化的冰品，不計其數，紅的綠的、甜的鹹的、美的醜的、帶棍或沒帶棍的，要用湯匙吃的不用湯匙吃的，都相繼出現，無不努力在這個舞台上爭得一席之地，讓我們隨手可得、隨處清涼，討我們歡心。但無論哪一種，都無疑是夏天帶給我們最好的舞台戲劇！

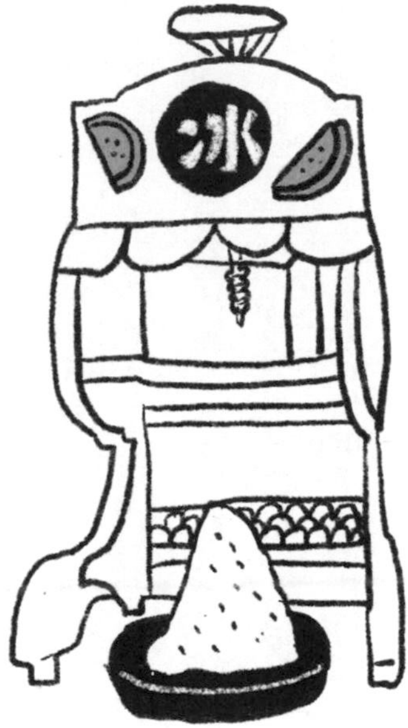
冰

冷凍袋
ICE PACK
使用方便
冷凍袋
ICE PACK

20

道地的台式可麗餅

花生捲冰淇淋

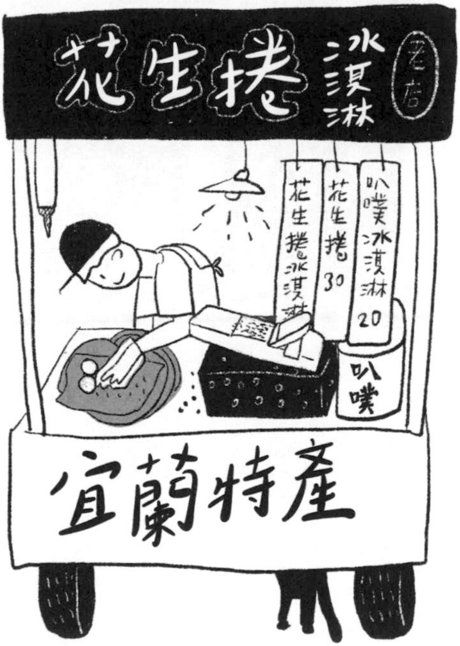

清明時節雨紛紛，潤餅攤前擠滿人。

吃食總是跟著節氣走，連如此慎終追遠的節日都不放過。

台灣人清明節吃潤餅的習慣沿襲先民祖輩，甚至還吃出新高度，不僅裡頭增加許多葷菜，更是有置產發家的晚輩，著意擱入樸實無華的烏魚子，惹得一池春水蕩漾，淡雅清齋全然消逝。

那倒也無妨，「食事」跟著時事走，經濟好轉可見是祖上積德。

每逢時節，潤餅皮攤前總是絡繹不絕，大姊們抓起簡直比出生嬰兒肌膚還要圓滑彈性的高含水量麵糊，揮揮衣袖，既不帶走一片雲彩，還留下片片薄如蟬翼的潤餅皮，依阿佐看，這無疑是手工精緻的台式Crêpe，比法式可麗餅還要唯美悠揚。

不過說到潤餅，其實台灣還有個更特立獨行的存在，舉凡到訪宜蘭必吃的經典小物，「花生捲冰淇淋」，紅遍全台，夏冬皆宜，才不會忘記你呢！

木匠的百寶袋：萬用鉋刀器

花生糖磚，每個冰淇淋花生捲小攤都必然會恭迎的財神，也是花生糖寶殿中最崇高的尊師，光是憑藉著每顆動輒數十斤的強勢，就足以擁有著不可撼動之地位，亦是台灣最獨特的花生名物，寶島限定。

其實，自從花生在台灣落地生根後，台灣人對於花生的熱愛可說是絲毫不減，只是不知道從何開始越發貪婪，越做越大顆，到最後乾脆不切整粒出售。

不過，一山還有一山高，菜刀改成木鉋刀。花生磚太大？別擔心，因為我們有萬用木鉋刀！

什麼意思呢？請各位利用您敏銳的洞察力，便很快會發現，有個猶如彼得潘身旁的魔力小精靈，唯一能在花生糖磚這塊尊體上擼來擼去、展翅高飛的小傢伙。沒錯，它就是百變萬用的「花生糖鉋刀」。

早年，中國東南沿海的移民來到台灣，當然也帶著謀生營利的吃飯傢伙，漂洋過海而來，以賺取生活之所需。其中有一幫人，其實他們都是木工師傅出身，但這些木工師傅，與我們現今所知的裝修木工師傅又略微不同，他們打骨子裡熟悉木料，穩扎穩打，出師之前必須學會用細巧靈活的雙手，變幻出各種類型的鉋刀，去輔助製作各種木雕飾品，甚至創造出許多行業都能通用的鉋刀。他們不僅製作工具給其它製木業師傅，還能協助早期刨冰店、中藥店等商家，量身訂做適用的輔具。

起初，環境保育概念並不是那麼高漲，加上台灣早些年的木工行業非常興盛，也因此培育出許多優秀的專業製鉋刀師傅；然而隨著環保意識抬頭，以及塑料製品輩出、機械化工具興盛，導致許多人早已不再依賴手工木製鉋刀，更使得台灣鉋刀產業逐漸式微，因此有經驗的製鉋刀師傅，如今大多聚集在鹿港小鎮。

據說，當初為配合花生糖較容易沾黏的糾纏性格，鹿港的製鉋師傅還特意加寬鉋刀膛口，並且加大刃口避免花生糖粉堵塞。自此改良過後，冰淇淋花生捲裡頭的花生可說是給好給滿，誠意十足。

由此可見，冰淇淋花生捲，不僅是台灣味的代表，更是台灣手工藝術的標竿，傳統技藝的良心所在啊！

冰淇淋小清新

古早味冰淇淋，傳奇一般的存在，我們普遍稱做「叭噗」，原因無他，多少年來，榕樹下、公園旁的歲月靜好，都倚賴著陣陣叭噗聲，小孩前仆後繼地揣著零錢，紛紛來枝綜合叭噗冰消弭暑氣。

台式古早味冰淇淋口味不算多樣，大抵就是鳳梨、花生、芋頭、李梅、百香果等等，至多十餘種風味組合而成，且幾乎都是台灣寶島水果特產，順應風土之下的結果。

有鑑於早期凍藏設備並不發達，為使叭噗車能夠最大程度的延長冰品保存，在製作冰淇淋時，通常都會著意添加些許澱粉，如太白粉、玉米粉等，如此一來，不僅能減緩融冰速度，還能使口感更為滑潤有彈性，這也是為什麼台灣古早味冰品無法用入口即化形容，還有著特殊軟Q口感的緣故，最重要的是，便宜！阿佐再三強調，要能夠成為風靡庶民的小吃，成本要素絕對是一個極大的關鍵。

是的，沒錯，台灣人使用澱粉已經到達出神入化的境界，連冰品都不放過。

自古以來，清明入春吃潤餅已成習俗，仔細觀察能夠發現，潤餅裡頭的餡料幾乎都是淨心齋掛，比方高麗菜、豆芽菜、紅白蘿蔔等大量時蔬，再輔以少量葷料提味，大匙花生粉增香。其實這並不難理解，開春天氣漸熱，西方有嫩雞胸溫沙拉紓解脾胃，東方亦有此款飲食習慣，且以營養均衡的角度來看，潤餅首當其衝，堪稱春夏經典涼食無愧。

既然貴為春夏良品，擔當去熱解膩、舒展胃脾之大任，必保留其純粹，春蔬甘鮮必須簡樸為宜，越是清新，則越是靜心，燥熱消失殆盡。

同理，若欲以更有沁涼透心之效的冰淇淋取而代之鮮蔬，清爽酸甜的口味，尤為佳，恰好古早味冰淇淋流派一字排開，盡是清爽無負擔的芳香口味，究竟捨我其誰？因此仙女柔絲的潤餅，碰上俠女耿爽的冰淇淋，再加上貴妃豐腴的花生粉，誰也沒搶誰的戲份，各司其職，為夏天抹上一層和諧又涼爽的氣色腮紅。

至於香菜，請接著看下去。

挑起對立的台灣味：香菜與花生粉

餐桌上，並不全然是一片和諧歡樂的景緻，至少香菜這號人物存在時，絕不可能風平浪靜，因此，我們大膽假設，鴻門宴上那場項莊舞劍意在沛公的戲份，有八七％的可能性是因為香菜！

反觀，在台灣總是超人氣票選排行第一名的花生粉，無人不知無人不曉，除了少數減肥族群怕貪吃過量而避之唯恐不及以外，幾乎沒有人拒絕它神一般的存在。

但是，緣分就是來得如此巧妙，宛如日本女神蒼井優閃嫁搞笑藝人山里亮太，令人百思不得其解，人氣巨星花生粉與爭議巨星香菜，竟然就在台灣共譜出佳話，風靡全島。

舉些例子，名揚世界的台灣刈包，滷豬肉是主角，花生粉與香菜更是完全可以連幾十年霸拿下金鐘最佳配角；同樣也是聞名遐邇的米血糕，雖然讓外國人各個聞風喪膽，但配上花生粉與香菜，搖身一變又擠進台灣夜市小吃熱門排行榜；南部水煮粽清一色軟綿，加上大匙醬油膏不打緊，花生粉與香菜也出來幫襯幾句；其中最絕的小食非「土豆伯府城花生糖」莫屬，把花生糖成快切成等大長方體，炭火慢焙至糖融軟化，以製麵之姿，將花生糖放入桿輾機壓平，反覆數次，再包入大量香菜，即成獨一無二，沒有任何配料作伴的「香菜花生捲」。

以上報導，僅是冰山小角。花生粉與香菜這個組合，絕對可以堪稱是台灣最獨特的料理。

當然，冰淇淋花生捲也逃不過此等魔掌，香菜與花生本是緣，這會兒還加入「新冰友」的行列，再次顛覆世界，創造台灣獨有冰款耐人尋味。

阿佐是厭惡香菜派的，有香菜的食物完全不碰，實在沒資格對此等風味品頭論足，但根據花生捲一定要加香菜黨各個黨員指出，沒有加香菜的冰淇淋花生捲，缺乏野性、無滋無味，草根失之、黨員憾之。

喂！你們這些無良分子，下次買叭噗最好自備香菜啊！誇張。而且颱風天香菜每斤簡直天價，請饒過這些小攤小販吧，香菜沒那麼重要！

21

難以抗拒的澱粉誘惑

地瓜球

你的ＱＱ蛋就是我的「地瓜球」

南征北伐的跑遍台灣尋找美食已成為日常，但有一件事情我怎麼想都想不透。到底「很Ｑ」這個詞，是怎麼來的？到底誰規定Ｑ這個字可以代表口感很Ｑ的？ＱＱ為什麼吃起來ＱＱ的？求解二十點。

更過分的是，我曾經與高雄友人爭辯，地瓜球就是地瓜球，它是寶島之子地瓜加木薯粉的智慧結晶，才不是什麼Ｑ的蛋，這廝外來語！

但最終我始終無法撼動高雄人的固執，他堅稱只有ＱＱ蛋的存在，地瓜球是北部人瞎搞瞎創的名詞。

不然……有種罷免地瓜球啊！

變態的地瓜球

還記得國小上自然課，老師介紹了昆蟲的變態，那時深受沒營養的芭樂電視劇荼毒很深，只懂「變態」通常是指像月黑風高會穿著一件大衣到處露鳥給別人看的那種叔叔叫作變態，或是會嘿嘿地說叔叔帶你去看金魚地那種叔叔也叫作變態，哪裡懂得原來「變態」還有別種意思，於是大驚小怪地以為昆蟲也有那種會亂七八糟的「變態」。後來雖說受了點教育，懂得此變態非彼變態，不過思想仍尚未成熟，還是會嘻嘻哈哈地看到昆蟲就說牠們是變態，現在回想起來，完全羞恥到想找洞把自己埋起來。

不過這種愚蠢反而更加令我印象深刻「昆蟲變態」這回事，方能在此時獻曝。地球上有一大部分昆蟲是屬於完全變態進化，牠們會經歷卵、幼蟲、蛹、成蟲，四大階段。揣奪著，油炸地瓜球好像也就是那麼般回事，姑且先稱之為「地瓜球的完全變態」：搓圓之於卵、油炸定型之於幼蟲、擠壓脹之於如蛹、起鍋瀝油之於成蟲，恰如其分的貼切！

將地瓜蒸熟，趁熱與木薯粉充分混合，當然有些配方會使用糯米粉、番薯粉，甚至是太白粉，都無妨，澱粉特性都還算接近，不過你會常態發現，這些食譜絕對都教你要趁地瓜還是熱騰騰的時候就將澱粉給拌進去，至於原因為何，稍後會再詳加描述。混合後搓成小圓，即為地瓜球卵。此為第一步驟，極度好理解，沒有任何炫技。接著我們就來說說「變態」過程中最難以理解的化學及物理變化。

將小顆「地瓜球卵」置入油鍋，油溫約莫一三〇度左右，千萬別太高，否則地瓜自帶糖分會焦化很快，變烏黑就不好看；起初下鍋時，請輕輕翻動即可，「地瓜球幼蟲」，先萬般溫柔照顧它們總是比較好，只要這群小夥子不要廝混黏在一起就行。等待雛形已定，便來到「地瓜球蛹」的時期，外表的木薯粉因受高溫油炸形成堅硬外殼，內部木薯粉也因持續受熱而熟化軟糯；眼見時辰到，馬上施予壓力，外殼破裂，大量熱油進駐，與內部水分接觸，乾柴遇到烈火般，水分霎時之間幻化成水蒸氣，將球體內部充大，而外部會再度因受油炸之逼，形成硬殼阻絕熱油與水分的作用，於是必須反覆動作，每實施一次擠壓，地瓜球就會再脹大一遍，裡頭軟糯的粉團，如同蛹內營養物質般，不斷供應地瓜球膨大的來源。最後，完全變態的最尾道工序，粉團皆破蛹而出，形成一顆圓滾滾又空氣感十足的「地瓜球成蟲」。

成長總是伴隨著喜悅，完全值得落淚。

當然你會疑惑，為什麼被擠壓過後的地瓜球還是能夠回彈，不會直接塌扁掉？那這得必須再次誇讚我們偉哉木薯粉的特異功能。其實多數澱粉，例如糯米粉、番薯粉、麵粉、太白粉都如同木薯粉一樣，遇到高溫會「熱漲冷縮」，並且產生「糊化反應」，這種化學變化很難一言以蔽之，如果要解釋完我大概得出一本化學專刊。

不過我們如果從結果而論，但凡是澱粉，受熱糊化後都會形成軟軟QQ的狀態，並且自帶黏性，將組織結構緊密連結在一起，有點形同橡皮，帶有張力，這也是先前提到的，為什麼多數食譜都會教你要趁熱把木薯粉拌進去？因為魔鬼永遠藏在細節，地瓜的高熱能將木薯粉「初步糊化」，糊化後的分子就像唱抗ＳＡＲＳ主題曲手牽手我的朋友般，先形成一道具有張力的保護表面，待來日下油鍋時不會落到直接乾裂的下場。然而澱粉家族中又以木薯粉特別任性，拔尖的韌性與彈性，自然就讓地瓜球有著皮球神力般的錯覺，得以充氣膨大，不斷回彈並且保持中空，不會扁塌。

倘若哪天各位讀者閒得發慌，大可以試試冷地瓜拌澱粉與熱地瓜拌澱粉的差異，就知道阿佐與各位廚藝前輩所言不假。不聽老人言，地瓜球炸裂。

好了，自然課程到此結束，我們聊聊別的。

廣東同鄉——芝麻煎堆

台灣人懂得油炸地瓜作成的澱粉丸子也不算是空穴來風、突發奇想。

因為家父工作的關係，我時常到廣東中山走訪，回回去，都必吃名店「石岐老」。裡頭的烤乳鴿如何一絕，先暫且不提，畢竟與此題無關，但裡頭有一道絕技名點總是讓我第一個喊單：芝麻大煎堆。

石岐芝麻大煎堆非常有名，烹飪原理就跟地瓜球相仿，只是將使其具有彈性、韌性的原物料換成糯米粉，然後粉團必須用熱水煮熟，一是為求組織更加有黏性帶有張力，二是藉以吸收夠多水分，使水蒸氣遇高溫更加爆發，膨大得更誇張，這完全表明水分在這類炸澱粉中扮演多麼重要的角色：粉團有多大，芝麻煎堆就能有多大，我吃過最大的煎堆足足直徑三十公分，沒錯就是鄉民的那種度量衡，三十公分。

煎堆這個詞如果你們不熟悉，那炸芝麻球總是理解的吧？就是港式飲茶裡面一份三顆，四人同行總是有點尷尬的那個炸芝麻球。芝麻球與煎堆完全是同屬同種，差別只在裏頭有沒有包餡，包餡的芝麻球雖然「心中有罣礙」，無法膨脹得很大，但同樣帶著迷人空氣口感，別有滋味。

以時間先後來說，煎堆跟芝麻球肯定比地瓜球還要早問世，因為使用糯米粉絕對早於木薯粉，但這也只是說明利用糊化澱粉是先民已有的智慧，替地瓜球出場有著比較有邏輯的交待，並不撼動地瓜球之於台灣的特有性。

地瓜粉尬木薯粉，獨創風格，捨我其誰？放眼四海只有台灣有！

兵不厭「炸」的澱粉總和

既然我們此時此刻，花前月下，浪漫地聊到炸地瓜球這種澱粉與油的邂逅，那麼阿佐在此拋磚引玉，再舉幾個例子給與你們瞧瞧，思量思量，搞不好台灣這個澱粉婚友社，在日後還能有什麼炸澱粉新發現。

我曾經跟身邊的眾友人說過：「喜宴上，沒有花好月圓這道菜，紅包沒收。」一如此豪語，敝人敢說敢做，幸好友人都很識相，沒半個辜負所托，有些更誇張的損友還會特地註明，須留整盤花好月圓在我桌前。花好月圓，俗名炸湯圓，象徵著新婚夫妻終日團團圓圓，但阿佐不在意這些流俗的賀詞，我只要求炸湯圓必須要包蓮蓉餡，而且要沾上足量的花生糖粉。

此為一糯米粉團尬熱油的例子。

相仿的還有南台灣甜點霸主「白糖粿」，沒錯，就是偶像劇《想見你》中，帥哥李子維的課後甜點。少女情懷總是詩，當我看到那幕時，只想跟編劇說：情懷詩給你，李子維跟白糖粿給我！

再者，炸小麥麵團的台式經典，雙胞胎，又稱兩相好，濺粉婚友社取的名字總是煽情。

曾經按照我心目中台式料理南拔萬大師──蔡季芳老師的做法，做過一次雙胞胎。費工製作老麵攪和麵團增加香味先不說，揉麵團如今使用機器能輕鬆不少也不談，光是要炒熟麵粉，等到冷卻後再與砂糖同拌，再仔細覆蓋於花式摺出的雙胞胎麵胚上，以利製造脆口的糖衣外皮，這種偉大的生活智慧，就足以讓我向各大販賣雙胞胎為營的商家來個尊敬的跪拜，生活實在太不容易了！一顆才賣十塊錢！

最後，技術最難、工序最複雜、製程時間最長的「炸麻荖」。

曾經有人說，地瓜球如果把地瓜換成芋頭，會無法鼓起，所以才沒有芋頭球這種東西，這絕對是騙人的幌子，因為炸麻荖恰恰就是使用「糯米粉＋狗蹄芋」這樣的打臉組合，人家照樣可以發福得不可思議。

先將糯米粉與狗蹄芋按照各家獨門配比混合均勻，再壓成長扁方塊，曝曬於烈陽下數日，曬乾後便以儲存，稱為「粿乾」；起大鍋油，將粿乾倒入，慢慢低溫油炸，粿乾便像打腫臉般不斷膨大，直至表面微微上色即可跳槽，至糖漿區裹上薄薄的糖衣，再沾上芝麻、花生等等五穀雜糧。阿佐參訪過好幾次麻荖工廠，現炸現裹的熱麻荖，嘗起來爽感真的特別高。

不過值得注意的是，因為油炸的粿乾本身是乾燥的，換句話說就是沒有水分能夠幻化成水蒸氣一飛衝天，使內部組織結構中空，膨大的原因單純只是因為乾燥的食材產生更劇烈的熱漲冷縮，才得以像照過多啦A夢的放大燈般，數倍成長。試回想，炸麻荖的結構是否還密布著糯米粉的殘骸？這就是原因。

以上例子礙於篇章問題，恕無法鉅細靡遺地告訴大家製程及原理，但重點請謹記：台灣深受大陸東南沿岸以及美援時期小麥援助的影響，台灣人不僅懂得運用不同雜糧澱粉，混合著各種日常食材，更加絕妙利用高超的烹飪智慧，製造出各種撫慰人心的油炸澱粉名物，這樣的食物族群，絕對能擔當「台灣味」代表之一。

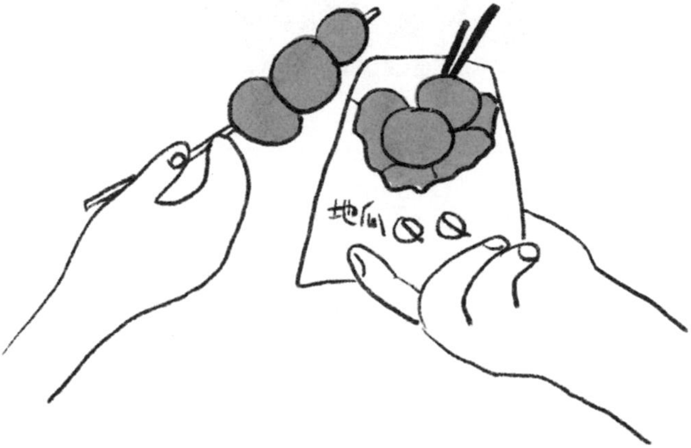
地瓜QQ

22

解膩回甘的神祕配方

台式梅粉

台灣人的醃漬水果魂及南台限定的薑汁番茄

離開大學生活，開始當起社畜之後，淡水捷運已經是我鮮少搭乘的路線，心中自然就再沒有士林夜市的地位，沒想到，再次耳聞，竟然是畢業多年後，一樁國際醜聞：七小袋水果要價一千五坑殺國外旅客。

唉，所謂好事不出門，壞事傳千里，大概就是如此感覺。

那些物價昂貴與否、攤商良知存焉的問題我們先不談，比較令人好奇的是，台灣水果攤有一天竟然會成為外國遊客必訪之地。不過，在此阿佐想強調的是，士林夜市路口的那些水果攤，並非傳統台灣水果攤的原貌。

我們不妨試著走進更local的夜市。

不曉得各位是否仍有印象，在傳統的水果攤上，總會出現著「醃李子」、「醃桃子」、「情人果」、「甘草芭樂」等等牌柱，直立插在成山成堆的醃漬水果上，陳列在夜市人潮眼前，我們是光用目測，便能知其所味，直流口水。

沒錯，這才是正港台灣水果攤，才是外國人該去現場親臨的滋味。

但此番滋味，究竟從何而來？我猜測，也許能歸諸於早期的潮汕移民。

著名的日治史籍《台日大辭典》中，就記有「五味薑」一詞，普遍存在當時的台灣社會。五味薑，意指酸、甘、香、甜、辣五味，本由甘草、酸梅、南薑、白糖調配而成，起源於潮汕地區，用來緩解病症所引發的嘔吐感。其實這並不難理解，早期居在中國東南沿海的潮汕居民，本就從事大量海上貿易及移民，為緩解航行中帶來的嘔吐不適感，研製並攜帶五味薑做為調解劑完全是情理之中的事。

也就是說，對移民到台灣的潮汕人而言，甘草、酸梅、南薑這般酸甜甘辣的奇異滋味，早已習慣，並在時間的催演之下，漸漸將這股滋味落地生根，成為台灣飲食的部分。

於是，在早期台灣水果改良技術並未成熟，致使當時物產較不豐碩、果實較不甜美的情況之下，先民挾帶著潮汕地區的飲食習慣，運用甘草、南薑、酸梅，再斟酌輔以蔗糖、精鹽，搭配出各種特調配方，將果物醃漬，提升其風味。

現在想來，這樣的味覺組合實在精於算計，因為甘草可以將萬物染上一層舒爽的清甜，免於純糖漬的過度膩口，而話梅酸甜酸甜，帶著戀愛的滋味，百嘗不膩，讓人欣喜若狂的程度自然不在話下；唯，南薑性情剛烈，雖然能給人似葷素交錯的另類體驗，使味覺豐潤度更勝，但卻不是人人都能接受，端看台灣南部盛行的「薑汁番茄」一特殊產物便可意會。

最早潮汕移民多居於南部地區，當時被稱作「柑仔蜜」的番茄，因為品種尚未優化的關係，滋味並不甚好，於是當地居民便想出用那一百零一種能讓水果變美味的甘草配方，再吊點醬油提鮮增甜，就衍生出南台限定的「薑汁番茄」。時至今日，雖然已把風味較濃郁的南薑抽換成常見的白薑，但仍令北部人聞之喪膽。

不過少了薑倒也不礙事，建立在古早時期醃漬水果魂的基礎上，甘草與酸梅共同排擠薑，自行成立新偶像團體「酸梅粉」，攜手打出哥倆的一片江山，在接續的日子裡，完全以狂暴的姿態，席捲全台灣。

黃袍加身的地瓜

台灣人創造出的梅粉物語，可說是出了名的獵奇，不僅從原先的芭樂、番茄、楊桃等水果流派下手，各方掌廚人還研製出梅粉蒸排骨、梅粉一夜乾、梅粉蝦球，甚至隨著養生意識抬頭，竟橫空出世梅粉石蓮花、梅粉甜彩椒、梅粉苦瓜等等詭譎手段，最後終於不意外地把腦筋動到油炸療癒飲食系身上。

港片《賭俠》中，有句經典台詞：「同花打不打得過 full house？」廢話，當然是打不過，畢竟老爸變成兔子是很難的，但是，同花加上順子，就完全制霸了。對於阿佐而言，在根莖類主食中，地瓜之於馬鈴薯，一直是同花之於 full house 的狀態，但是地瓜加上梅子，搖身變成甘梅地瓜薯條，那可是實實在在的無敵同花順。

據聞，一九九〇年代，知名連鎖企業美樂福油炸食物攤車，首創「甘梅地瓜薯條」，完全投番薯之子台灣人喜食梅粉所好，僅憑此單項商品迅速竄紅，連鎖遍地，爾後，油炸業者群起效仿，更是讓「甘梅地瓜薯條」如虎添翼，硬生生將椒鹽馬鈴薯條拉下寶座，成為眾多鹽酥雞攤中最亮的星。

雖然總說台灣人是番薯仔，但其實番薯並不是原產於台灣，而是約莫在明清時期，才被引進種植，有幸其強韌的生命力，宛如刻苦的先民一樣耐操勇健，以至於能夠不斷在台灣這塊土地開枝散葉，成長茁壯，養成台灣人吃番薯者眾多，種番薯者自然也就種出一番心得。

放眼台灣番薯千千百百種，做出的甘梅地瓜薯條當然風情萬種。

民國四十四年，嘉義農試所王俠先生成功培育出黃金番薯「台農五十七號」，因為其適口性、甜度、水分都表現相較以往品種出色，變成為了番薯農的新寵兒，年年都位居產量之冠，油炸出來的效果，口感酥鬆、薯味正濃；隨後，地靈人傑的嘉義農試所，李良先生於民國六十四年又培育出另一紅肉番薯品種「台農六十六號」，其含水量高的特性，亦廣受農友喜愛，榮登產量亞軍之銜，油炸後的口感濕潤綿密、香氣四溢。其實，上述兩大番薯界天王之外，尚有獨立小黨，大多都亟欲挑戰台農五十七的領先地位，如台農六十二、桃園一號、台農七十二等等，各持千秋，皆成為甘梅薯條強大的靠山。

我至今永遠記得，在要離開台灣前的那個夏天，家母萬般叮嚀我，務必要將南投信義鄉生產的梅粉，慎之重之，妥放在行李箱中；後來，到達巴黎後的無數個夜晚，我徘徊在超市尋著跟台灣地瓜相仿的西班牙產Patate douce，回家切條油炸，再撒上珍貴的梅子粉，約上同樣深陷在巴黎寂寞的三五台灣好友喝酒聊天，假裝自己回家一趟。

有些人熱愛酸梅粉帶來的酸甜衝擊，似乎與每樣食材碰撞，它都能生出合理的解釋去融會貫通，亦有些人並不鍾情它獨裁的滋味、不欣賞沾染梅粉氣味的庸俗，但我敢說，無論你歸屬於何者，但凡淺嘗一口，便能馬上發自內心，由衷地說出：「啊！這就是台灣味。」

雖然配梅粉奇怪，但卻令人難以忘懷，台灣人對於梅粉的念茲在茲，總是那麼的親切與獨特。

酸梅粉
營養標示

後記

二〇一八年的夏天，我獨自踏上前往法國巴黎的旅程，選擇就讀斐杭狄高等廚藝學校精進料理上的知識。在那座高度國際化的城市，我遇見了人生從未設想過會遇見的人，來自四面八方的朋友，不同國籍、膚色、個性、興趣，卻有著共同的問題：「台灣有什麼好吃的？」

顯然，除了音樂之外，飲食是最容易與其他人產生連結的話題。

我當然可以舉出數十種，甚至數百種好吃的食物，這向來是身為台灣人的優點和驕傲，但緊接著又有個纏人的問題出現：「究竟什麼才能代表台灣？」

這幾年，論述台灣味的著作不在少數，對於這樣的潮流，我認為是勢在必行，畢竟世界上很多事情確實需要被定義，每個人必須樹立自我風格及形象，讓客戶、廠商、讀者、觀眾、聽眾或消費者，更方便且深度地認識與理解。

台灣亦然。隨著新一代民族主義的抬頭，我們越來越急著定義自己、定義台灣，可是事情從來不是那麼容易，因為數百年以來，隨著歷史幾番更迭，「台灣基因」變得複雜，漂泊在歷史洪流中的我們，其實很難用三言兩語將自己的身世說盡。

所以起初我在定調這本書時，是倍感困惑的。

這本書於我而言，是一道甘甜苦澀料理。面對無窮無盡又殘卷斷篇的史料，小心翼翼地處理各種政治、民族的情緒糾結，如果不幸恰逢文字靈感匱乏的瓶頸，那便是更加苦澀的滋味。不過這一切雖然難以下嚥，卻使我健康成長，逐漸茁壯；直待我將這些零碎調味，組合成一道輕鬆易讀，又帶著些許學問的共鳴菜色，成就感才慢慢將甘甜釋出。

坦白說，我至今沒有辦法果斷告訴讀者什麼是「台灣味」，因為我始終認為飲食美在，永遠沒有盡頭：每個年代的台灣，都有著不同的故事，每個故事都有各自的深與淺、暗與亮，而這些細節，正是飲食文化中最有趣的主觀結構，而這些故事，事實上仍舊持續演化改變，打造出每個時代的風味。

我並不打算以任何立場去定義台灣味，因為那些生活纖維交織出來的文化，並非獨獨幾人就能構成，而是數以千計，為謀生所存的靈光結晶。我想這本書存在的意義，並非嚴謹的學術論文，反而像來回穿梭在織布機杼上的梭子，而就我所知、所得、所察，將這些千頭萬緒，如絲絲緯線串聯，梳理成一沓一沓的「故事織布」，說與你聽。

我只願你們閱讀到某個章節的小故事，會發出：「啊！真的是這樣欸！」、「喔～原來如此！」這類可愛驚訝的小小共鳴，那「佐餐文字」便功德圓滿。

致謝

二〇二〇年底，我終於完成這本著作，可以好好去上班了（笑）。

在此我要謝謝時報出版社辛苦的各位，蘇總監、靜婷，以及由於我錯字很多，所以嗑字嗑得很辛苦的編輯雅蓁、始終情義相挺的伯樂婉婷，還有為本書繪製插畫及設計封面的Bianco；謝謝邱議員呱吉、番紅花、毛奇、亞歷媽的肯定與推薦；謝謝給予技術指導，不斷容忍我百般糾纏詢問的前輩們，世煒哥、光哥、博仰哥、文弘哥的協助；謝謝師輩界的尉遲秀老師、STEVEN師傅、SUNNY醬給我自信與關懷；謝謝網帥攝影師法呢、死黨彩妝師MIYA、腦腦伴侶蔣，以及范氏兄妹的大力協助。

最後，深深感謝，無私包容我這個不事生產、對家庭經濟毫無貢獻的女兒，我的父母，沒有你們睜一隻眼閉一隻眼的退讓，我無法在收入微薄的環境之下，專心完成此書，謝謝你們讓我啃老。

感謝閱讀這本書的每一個你，因為你們，台灣味才更加完整。

You are what you eat.

布里亞—薩瓦蘭

Jean Anthelme Brillat-Savarin

桔

生活文化 70
巷弄裡的台灣味：22 道庶民美食與它們的故事

作　　者	范僑芯（佐餐文字）
副 主 編	黃筱涵
責任編輯	李雅蓁
企劃經理	何靜婷
美術設計	Bianco Tsai
插　　畫	Bianco Tsai

編輯總監	蘇清霖
董 事 長	趙政岷
出 版 者	時報文化出版企業股份有限公司 108019 台北市和平西路三段 240 號 4 樓 發行專線—（02）2306-6842 讀者服務專線— 0800-231-705、（02）2304-7103 讀者服務傳真—（02）2304-6858 郵撥— 19344724 時報文化出版公司 信箱— 10899 台北華江橋郵局第 99 信箱
時報悅讀網	http://www.readingtimes.com.tw
法律顧問	理律法律事務所 陳長文律師、李念祖律師
印　　刷	紘億印刷有限公司
初版一刷	2021 年 1 月 22 日
初版三刷	2021 年 3 月 19 日
定　　價	新台幣 400 元

時報文化出版公司成立於一九七五年，並於一九九九年股票上櫃公開發行，於二〇〇八年脫離中時集團非屬旺中，以「尊重智慧與創意的文化事業」為信念。

ISBN 978-957-13-8533-4
Printed in Taiwan.

巷弄裡的台灣味：22 道庶民美食與它們的故事／范僑芯（佐餐文字）著 .- 初版 .- 台北市：時報文化出版企業股份有限公司，2021.01 ｜ 272 面；14.8×21 公分 .-（生活文化；70）｜ ISBN 978-957-13-8533-4（平裝）｜ 1. 飲食風俗 2. 小吃 3. 臺灣 ｜ 538.7833 ｜
109021945